八师讲堂

杨朱哲学

顾实 著

应急管理出版社
·北京·

图书在版编目（CIP）数据

杨朱哲学 / 顾实著. -- 北京：应急管理出版社，
2024. -- （大师讲堂）. -- ISBN 978-7-5237-0681-7

Ⅰ. B223.35

中国国家版本馆 CIP 数据核字第 2024U5V254 号

杨朱哲学（大师讲堂）

著　者	顾　实	
责任编辑	陈棣芳	
封面设计	朱文浩	

出版发行　应急管理出版社（北京市朝阳区芍药居 35 号　100029）
电　话　010 - 84657898（总编室）　010 - 84657880（读者服务部）
网　址　www.cciph.com.cn
印　刷　三河市元兴印务有限公司
经　销　全国新华书店

开　本　880mm×1230mm¹/₃₂　**印张**　5²/₈　**字数**　115 千字
版　次　2025 年 1 月第 1 版　2025 年 1 月第 1 次印刷
社内编号　20240502　　　　**定价**　69.80 元

总序：
新时代的思想延续与学术重光

　　"大师讲堂"系列不仅是对民国时期辉煌学术成就的致敬，更是一座跨越时空、联结古今的桥梁。该系列在第一阶段成功推出了 99 部大师著作，为读者打开了一扇通向学术宝藏的大门，展示了民国大师们卓越的学术造诣和文化思考。这些著作涵盖了多个领域，成为文化遗产的重要组成部分，也为现代学术研究奠定了坚实基础。

　　进入第二阶段，本系列再度聚焦大师们的经典作品，涵盖建筑、文学、教育、史学等领域，延续并创新了他们的思想火花。这些著作不仅继续深耕传统文化的学术沃土，也在新时代的文化语境中，重新激发了中西思想的碰撞与交融。通过这些作品，我们不仅可以感受到民国大师们的思想脉动，还能从中挖掘出适用于现代社会的智慧与启示。

　　文化的传承与创新是这个系列的核心理念。民国时期的大师们处于内外挑战交织的动荡时代，但他们凭借深厚的学术功底和前瞻的思维，开创了属于他们的学术高峰。今天，我们将这些学术瑰宝重新整理和出版，不仅是为了保存文化遗产，更是为了让这些珍贵的思想资源在新时代焕发出新的光彩，推动学术的延续与创新。本系列的作品无论从学术深度还是文化广度，都体现了大师们在各自领域中的卓越贡献。他们的思想穿越时间的长河，依然能够启发现代学者和读者。无论是学术研究，还是文化素养的提升，这些著作都将在当代文化市场中占据不可替代的位置。它们不仅是学者的重要研究工具，更是广大读者探求文化智慧的窗口。

新时代呼唤思想的光芒，我们相信，"大师讲堂"系列的再度面世，将为当代文化复兴注入新的活力。通过这些伟大的著作，现代人能够从中汲取精神力量，启发创新思维，推动文化与学术的长足发展。

目录
CONTENTS

下篇 辟伪

上篇　显真

第一章 杨朱即阳子居

第一节 阳、杨二字之混用

今存《列子》一书，出魏晋人依托，久有定论。故《庄子·寓言篇》之阳子居，伪《列子·黄帝篇》竟作杨朱，足见窜改之痕迹显然矣。然自来有疑阳子居为非即杨朱者，则又非也。阳子居确即杨朱，姬汉载籍具在，无可疑义，但当首先了知者，则古人以阳、杨二字混用不分也，如次。

（1）《庄子》

《应帝王篇》［阳子居］

《骈拇篇》［杨、墨］

《胠箧篇》［杨、墨］

《天地篇》［杨、墨］

《徐无鬼篇》[儒、墨、杨、秉]

《山木篇》[阳子]

《寓言篇》[阳子居]

（2）《孟子》

《滕文公篇》[杨朱] [杨氏]

《尽心篇》[杨子]

（3）《荀子》

《王霸篇》[杨朱]

（4）《韩子》（《韩非子》）

《说林上篇》[杨子]

《说林下篇》[杨朱]

《八说篇》[杨朱]

（5）《吕氏春秋》（《吕览》）

《不二篇》[阳生]

（6）《淮南子》

《俶真篇》[墨、杨、申、商]

《氾论篇》[杨子]

《说林篇》[杨子]

（7）枚乘

《七发》[杨朱]

（8）杨雄

《羽猎赋》[阳朱]

就中《庄子·山木篇》之阳子，《韩子·说林上篇》已作杨子，此阳、杨二字混用不分之证一。《孟子·尽心篇》之杨朱，《吕览·不二篇》作阳生，高诱注，引《孟子》，亦作阳子，或易《孟子》原文，或高氏所见《孟子》本不同，均无不可，此阳、杨二字混用不分之证二。古书多数作杨朱，而杨子云《羽猎赋》忽作阳朱，尤为奇特，此阳、杨二字混用不分之证三。以上犹就杨朱本人而有阳杨异文之不同也。尚有《孟子·滕文公篇》之阳虎，而《盐铁论·地广篇》竟引作杨子。文八年《左氏传》之解扬，《史记·十二诸侯年表》作解杨，《汉书·古今人表》作解阳，此亦皆古书阳、杨二字混用不分之证也。大抵古人姓名，于六书本属假借，所谓"本无其字，依声托事"，故往往随声流转，初无一定之用字。况陽楊同从易得声，系同声通用字，更属不生问题。岂若今世人曾经科举时代之功令，意以为人姓名必一点一画不许轻易增损者哉？

或曰然则《庄子》一书之中，亦何以阳杨异文不同也。则应之曰，古人文例，亦不若后世科举时代之功令文字也。不但一书之中，可以前后用字不一律，虽一篇之中亦可以前后字不一律也。关于人姓名，其记载似宜从严格矣。然《逍遥游篇》之宋荣子，即《天下篇》之宋钘，何以一人而荣钘异文？《天地篇》之被衣，即《知北游篇》之披衣（《释文》一本如是），何以一人而被披异文？《大宗师篇》《外物篇》之务光，即《让王篇》之瞀光，何以一人而务瞀异文？此皆《庄子》一书中之人姓名异文也。其他古书中之如此者，不一而足。是以筦子之即管子，孙卿子之即荀子，虽吾人习见之以人名为书名者，犹且有异文。则又何病于杨朱一人而乃有阳、杨异文哉？

第二节　晋唐古注之审辨

杨、阳可一，洵已不成问题矣。朱即子居，尚或不无讨论之余地。试更即晋唐诸家之注释而审辨之，如次。

（1）《庄子》

《应帝王篇》陆德明《释文》："阳子居，李云，居，名也。子，男子通称。"（案李即李颐）成玄英《疏》："姓阳名朱，字子居。"

《骈拇篇》陆德明《释文》："杨、墨，崔、李云：杨朱、墨翟也。"（案崔、李即崔撰、李颐）成玄英《疏》："杨者姓杨，名朱，字子居，宋人也。墨者，姓墨名翟，亦宋人也。"

《山木篇》陆德明《释文》："阳子，司马云，阳朱也。"（案司马即司马彪）成玄英《疏》："姓阳名朱，字子居，秦人也。"

《寓言篇》陆德明《释文》："阳子居，姓阳名朱，字子居。"（案庐抱经堂刻《释文》，作姓阳名戎，字子居。殷敬顺

《列子·杨朱篇释文》，亦引陆德明云"杨戎字子居"。然此当是《释文》传写本有讹误，朱、戎二字草书形近易混，周季固无有姓扬名戎字子居其人也，惟陆德明《释文》成于隋末唐初，而殷敬顺为唐宪宗以后人，或殷氏所见《释文》本已误矣。）成玄英《疏》："姓杨名朱，字子居。"

（2）伪《列子》

《黄帝篇》张湛注："阳朱，庄子云，'杨子居'，子居或杨朱之字，又不与老子同时，此皆寓言也。"

《杨朱篇》殷敬顺《释文》："杨朱或云字子居，战国时人，后于墨子。陆德明云，'杨戎，字子居'，恐子居非杨朱也。"（今本脱"陆德明云"以下四句，此据道藏本补。）

观此两书之注释，其中显分三派，（一）完全承认阳子居即杨朱者，成玄英也。（二）未必承认阳子居即杨朱者李颐也。（三）怀疑不定阳子居为杨朱者张湛也。其（一）即吾人讨论之问题。其（二）殊不能成立也，以古人有名必有字之通例而证之，如颜回字渊即子渊，孔伋字思即子思，宰予字我即子我，冉求字有即子有，南宫适字容即子容，公西赤字华即子华，史鳅字鱼即子鱼等为比例，则止有于字上加所谓男子美称曰子，而罕见有于名上加之者。纵有申公子培、壶丘子林，然其为名为字，未可定也。又有齐公子名纠亦曰子纠，秦庄襄王名楚亦曰子楚。然此外绝未见其例。然则李氏谓于名居之上，加以男子美称之子，其说殊难成立。而陆氏《释文》采之，亦为失考也。其（三）则张湛之诡辞，所以欺天下后世也。夫《列子》伪书，当即出张湛依托，兼有所受于其舅王氏，观湛所为《列子序》可证。然伪造《列子》，敢取《庄子·寓言篇》之阳子居，而不敢采《应帝王篇》之阳子居，即其伪造败露之显证也。岂知《庄子·寓言篇》乃以一篇之发端"寓言"二字为篇名，并非全篇皆寓言也。作伪者误认为全篇皆寓言而可采，并敢以寓言入注，冀一手掩尽天下后世人之目，遂故作游移之词曰"子居或杨朱之字"。殷氏更据《释文》误本而附和之，未免为所愚矣。

大抵伪造《列子》者，欲预为伪造《杨朱篇》之地步，不得不采撷古书所载杨朱之事迹，而又不敢采《应帝王篇》之阳子居，以其所问于老聃者，言事英发绝伦，难可诬为怠荒无艺之人也。此真作伪者之肺肝如见也。然其即以杨朱为阳子居者，又实可以古籍考证而知其不谬也。故诸家注释，当以成玄英始终坚持此说为第一也。且古人通例，有名必有字，而名字二者之诂义，亦必相应。意者朱即借为根株字，根株有止居之义，故名朱字子居。而居又有静止之意，是复与为我守静之旨合矣。

近有创为新奇之说者，谓子居之合音为朱。此说本近纤巧，大可不必。然从而有大卖弄其音韵之学，谓朱、居古韵不同部，子居之合音必不能得朱，不知此亦无谓之学说也。晋寺人披亦曰勃鞮，勃鞮之合音为披。卫公子木亦曰弥牟，弥牟之合音为木。此又岂皆以同部合成一音者耶？

或又有不承认杨朱即阳子居，遂穷极其无聊之妄思，而据

《孟子》言"杨子取为我",遂谓子取之合音为朱,正是同部合音者。不知此说更形滑稽,岂真盲目未睹古人文句构造之通则耶?唐钺曰"孟子说'杨氏为我……墨氏兼爱',以杨氏与墨氏对举。又说'杨子取为我……墨子兼爱',以杨子与墨子对举,而取字实是动字,墨子下无取字,乃因上文而省"。唐氏之说,最为正当,余可无辨矣。

第三节 杨朱即阳子居之事实

或谓文字上之考证适合,而于事实容有不必合者,试更举事实以证确其切合,可乎?

一曰"行贤而不自贤"之阳子,即为我之杨朱也。《孟子·尽心篇》曰"杨子取为我",《吕览·不二篇》曰"阳生贵己";故《庄子·寓言篇》,阳子居南之沛,而老子见之,斥其睢睢盱盱,无非因杨朱为我贵己,不免睢盱自雄,爰遂施以戒斥。然《山木篇》又载阳子之宋,见逆旅人之妾,而谓弟子当"行贤而去自贤之心"。证以《老子》十三章曰"贵以身为天下,若可寄天下;爱以身为天下,若可托天下",此即贵己为我之本旨所自出。三十二章曰:"不自见,故明。不自是,故彰。不自伐,故有功。不自矜,故长。"此又即贵己为我者,不当予智自雄之明训。而杨朱与老聃师弟之关系，昭若发蒙矣。吾故曰"行贤而不自贤"之阳子，即为我之杨朱也。此有事实可证确其切合者一也。

二曰"物彻疏明"之阳子居，即善辨之杨朱也。《庄子·骈拇篇》曰："骈于辩者累瓦结绳，窜句游心于坚白同异之间，而敝跬誉无用之言，非乎？而杨、墨是已。"故《应帝王篇》，阳子居见老聃曰"有人于此，向疾强梁，物彻疏明，学道不倦，如是者可比明王乎"？老聃曰："是于圣人也，胥易技系，劳形怵心者也。"更证以《天地篇》，夫子问于老聃曰："有人治道若相放，可不可，然不然，辨者有言曰：'离坚白若县寓'，若是，则可谓圣人乎？"老聃曰："是胥易技系，劳形怵心者也。"此夫子即孔子也。观于老子答阳子居与答孔子，同一斥之曰"胥易技系，劳形怵心"，则可知阳子居之问物彻疏明，即孔子之问"离坚白若县寓"，不过语有变换已耳。吾故曰"物彻疏明"之阳子居，即善辨之杨朱也。此有事实可证确其切合者二也。

以此二大事实而证确古人承认阳子居即杨朱，贴切密合，复何可疑。然则杨朱之为杨朱，不可从此而大白于天下哉？乃若古人称之曰杨朱，曰杨氏，曰杨子，大抵直斥其名曰朱，为不加敬礼矣。曰氏，亦几等于曰"夫己氏"矣。曰子，则更类于今人曰密司忒（Mister），不过泛广之敬礼耳。惟《庄子》书中绝不称曰杨朱，而称曰阳子居，其或比于称曰仲尼之类。然有时与墨翟对称，则曰杨、墨，恐原本无甚意义，亦未可知。惟《吕览》称之曰阳生，最为奇特，让后论之。

第四节 杨朱鲁人之推定

伪《列子·周穆王》篇曰："秦人逢氏有子，少而惠，及壮而有迷罔之疾。杨氏告其父曰，鲁之君子多术艺，将能已乎？"此上云秦人逢氏，而下承以杨氏，故成玄英谓杨朱秦人也。（《庄子·山木篇》疏）然其又谓杨朱宋人，则未审何据。今人谓"杨子之宋逆旅，则杨朱必非宋人"，是也。故成氏之说，于此独无一是者。虽其谓为秦人，亦适受伪《列子》之愚也。盖伪作《列子》者，不明地理。且以杨朱南之沛，为寓言必无之事。但见《韩非子》有"杨子过宋，东之逆旅"一语，遂以为由西而东，必西自秦来，故凭空捏造秦人逢氏，继以杨氏，以为后世之人，自此可知杨氏世为秦人也。岂知考之地理，乃大谬不然哉？

《庄子》书原有寓言、重言之别，凡举老聃、孔子、阳子居，皆耆旧之言，属重言之列，必非寓言也。《天运篇》，孔子行年五十有一而不闻道，乃南之沛，见老聃。老聃曰："子来乎？吾闻子，北方之贤者也。"以此推之，则孔子、阳子居，均是南之沛，层叠而见之事，尤必不能指为寓言者甚明也。而孔子、阳子居同为北方之贤者，又可知也。北方者，鲁国也。则孔子为鲁人，必杨朱亦为鲁人也。沛者，沛泽也。昔许由尝隐于此。春秋时，故宋地。老子楚人而居此，别有由也。《汉书·地理志》属沛郡沛县，在今江苏徐州府沛县东，正当鲁都曲阜，今山东曲阜县之南。此尤可证其非鲁人，不能云"南之沛"也。故窃谓杨朱何国人，先秦古书无明文。惟即此南之沛一事，而推定其当与孔子同为鲁人，则较有据也。《通志·氏族略》，鲁有阳氏。杨朱当本作阳，后通作杨而习用杨字，或原与阳虎同宗，正未可知。而孟子邹人，与鲁逼近。孟子游梁过宋，杨朱亦游梁过宋，更可比证。盖孟子所尊者孔子，所排者杨、墨，皆不出鲁人也。

此外尚有孔子、杨朱之气质相近，见于老子之训诫。杨朱、墨翟之冠服一致，见于庄子之攻击。足征孔、墨、杨三哲，有同一之国性。是亦杨朱当为鲁人有力之佐证也。今人或创为杨朱卫人之说，不知卫康叔都朝歌，今河南卫辉府淇县东北。春秋之世，卫文公徙楚邱，今卫辉府滑县。成公徙帝邱，今直隶大名府开州。要旨自卫至沛，则当云东南之沛，而不当云南之沛，可证其谬矣。

杨朱家世邑里不详，仅知其有一妻一妾，有弟曰杨布。尝见梁王，即梁惠王也。（详中篇第二章第四节）然孔子、墨子、老子、庄子皆尝一度作官吏，杨朱盖从未经此阶级，故其行尤高，而遗书不甚显于后世，亦或以此故欤？

第二章 杨朱学于老聃

第一节 周鲁之关系

周季百家并作，大师几如"过江名士多于鲫"，而老子尤为大师之大师，其事迹见《史记》本传，余既别有《老子列传考释》，及《老子年表》以详之。兹第揭要而言曰，老子先孔子而生，后孔子而卒。其卒年盖在战国前期，周显王初载，故得与杨朱年事相接，而发生师弟之关系也。

且老子所以为大师之大师者，尤以孔子、杨子皆一代之大师，而同出老子之门下也。孔子者，春秋一代之大师也。杨子者，战国一代之大师也。而老子偏以寿考，为春秋、战国两代学术之中枢，孔、杨两大师之先河，岂非卓绝千古之怪哲哉？老子本姓李名耳，字聃，而周季诸子书皆称曰老聃，曰老子，独不称其姓名，即此一端，可见当世社会之推崇，亦已情见乎辞矣。《老子》六十六章曰："天下乐推而不厌。"考诸其生平，则其言也信。《礼记·中庸篇》，孔子曰："宽柔以教，不报无道，南方之强也。"此其语意中，大有人在，舍老子其畴克当此"宽柔以教不报无道"八字考语哉？昔唐虞命契为司徒，曰"敬敷五教，在宽"，盖老子实得其道。重以享大寿考，故教泽绵长，莫与伦比。宜乎为天下后世所宗仰，隐然若一大教主，终战国之世而不少衰哉？

夫鲁者，周公之国也。周公有大功劳，成王赐鲁备物典策。及周之衰，鲁独秉周礼，遂为列国文化之冠。孔子、墨子既皆鲁人，今又推得杨子亦当为鲁人。是其圣哲辈出，非他国之人所能望其项背，岂偶然哉？孔子之先，宋人也。其后奔鲁，生孔子，详《史记·世家》。《通志·氏族略》引《姓纂》云"墨氏，孤竹君之后，墨台氏，后改为墨氏。战国时，宋人墨翟著书，号《墨子》"。然《吕览·慎大篇》高诱注曰："墨子名翟，鲁人也。"孙诒让曰："《墨子·贵义篇》云'墨子自鲁即齐'，又《鲁问篇》云'越王为公尚过束车五十乘，以迎子墨子于鲁'，并墨子为鲁人之墒证。"张纯一亦力持此说。具详二家所著《墨子间诂》及《墨子间诂笺》两书中。可见后世姓氏之书，多不足据。惟杨朱仅有南之沛一事，及其气质与孔子近，冠服与墨子同，可推定为鲁人。盖杨朱迹近逸民，遗事无多，故所可考者，止此已耳。

"物华天宝，人杰地灵"，殆可为衰周之鲁诵之。物华天宝者，得周赐备物典策也。人杰地灵者，孔、墨、杨三哲同萃于一国也。就中墨子学于史角之后，盖与老子无交涉，然亦尝称引其"道冲而用之又不盈"一语。《韩诗外传》且以老、墨并称，则有无关系，正未可断言也。而孔、杨二子学于老聃，古籍信而有征。试先言孔子。

《史记·老子传》老子者，周守藏室之史也。

《庄子·天道篇》孔子西藏书于周室。（谓藏十二经也）子路谋曰："由闻周之征藏史（盖其职掌征集所藏之史也）有老聃者，免而归居。（然老聃后复官周，为太史。）夫子欲藏书，则试往因焉。"孔子曰："善。"往见老聃，而老聃不许。于是繙十二经以说（十二经有三说：一谓《易》上下经，加《十翼》，为十二经也；二谓《春秋》十二公经也；三谓《诗》《书》《礼》《乐》《易》《春秋》六经，加六纬为十二经也。然第一说为近理，孔子于将殁一二年，作成《春秋》，则六经未完，何来六纬，更何来十二公经？且下文明云"要在仁义"，《易》曰"立人之道，曰仁与义"，其明证也。盖孔子作《易》，先于《春秋》也）。老聃中其说（中止孔子之说），曰："大谩（谩、蔓通，谓冗蔓太多也），愿闻其要。"（要即不谩也）孔子曰："要在仁义。"（《易翼》于仁义，不惮反复言之。）

老聃曰："请问仁义，人之性邪？"（仁义为有记之性，而老聃所重者，在无记之性。）孔子曰："然，君子不仁则不成，不义则不生。（此儒家之要旨，屡见于《易》。）仁义真人之性也。又将奚为矣。"老聃曰："请问何谓仁义？"（此与《墨子·经下》四一章之问法正合。）孔子曰："中心物恺（与物恺乐也），兼爱无私（不私一己），此仁义之情也。"（情，实也，性不可见，征之于情实而自见也。）老聃曰："意！（同噫）几乎后言。（后起之言，非本性也。）夫兼爱不亦迂乎！无私焉，乃私也。（有无相生，充虚互易，此老子用名家法也。）夫子若欲使天下无失其牧乎！（牧，养也。）则天地固有常矣，（寒暑运行，是其常也。）日月固有明矣。（日月代明，是其明也。）星辰固有列也。（星斗错落，是其列也。）禽兽固有群矣。（道德之至，与鸟兽同群。）树木固有立矣。（道德之至，偕草木无知。）夫子亦放德而行（放，依也），循道而趋，已至矣。（至，极也。）又何偈偈乎揭仁义（偈偈，用力貌。揭，举也，以仁义为揭橥也），若击鼓而求亡子焉。（子逃亡而击鼓求之。）意！（同噫）夫子之乱人性也。"

吾所以举此老、孔问答一段公案者，一则老子所以为一代大师之大师，与其身任周守藏室之史，不无有关也。又一则道、儒两家根本不同，老子之所以排斥儒、墨，与孟子之所以排斥杨、墨，即此可以窥见端倪也。夫孔子何以必西藏书于周室，盖孔子尝曰"文王既没，文不在兹乎"。故文王演《易》上下经，而孔子作《十翼》，合成十二经，欲藏诸周室，则可通行于天下万世也。《易·系辞传》曰："立天之道，曰阴与阳；立地之道，曰柔与刚；立人之道，曰仁与义。"而此孔问于老一段话，不过"要在仁义"，正可见其与十二经中语，针锋相对也。然老子不许者，其学术思想与孔子所慕者，完全不同也。《老子》十八章曰："大道废，有仁义。"此大道者，何道也？即《礼记·礼运篇》，孔子曰"大道之行也天下为公"云云者是也。而仁义者则即三代小康之术也。故老子叹曰："噫！几乎后言也！"然孔子盖自受老子之教，而亦追慕五帝之大道，所以有《礼运》一段文字也。其后杨朱问于老聃，所称"学道不倦"，亦即学此大道也。

不第此也，孔子、杨朱同学于老聃，而老聃教训此孔、杨二子者又大略相似也。试分述于下节。

第二节 老聃破除孔、杨二子之智辩

一曰孔子、杨朱同学于老聃，关于智辩之问答相似，如下：

《庄子·天地篇》夫子问于老聃曰（夫子即孔子，下文之丘字可证）："有人治道若相放（放，反也，《释文》本作方，通用字，并也，正反二者相并也），可不可，然不然。（以不可为可，以不然为然，即相反也，《庄子·天下篇》曰'以反人为实'。）辩者有言曰：'离坚白，若县寓。'（《论语》，孔子曰'不曰坚乎，磨而不磷；不曰白乎，涅而不缁'，是坚白亦为习用语。县，俗作悬。寓，籀文宇，屋檐也。若悬之檐宇，在目前，甚明白也。）若是，则可谓圣人乎。"（圣人即明王也，老子曰"圣人之治"。）老聃曰："是胥易技系，劳形怵心者也。（胥，谓胥徒也。易，治也。技，技工也，如今之技师。系，缀也，属也，如作文亦曰缀文属文。胥徒供役治事，技工尽职作业，皆劳形苦心。）执留之狗，成思。猿狙之便，自山林来。（留，一本作猫，一本作狸，皆麑之借用字，能啮执麋牛之狗而成愁思者，及猿狙之便捷而来自山林。失其本处，皆以有才能而被系缚也，系狗以供猎用，系猿狙则为弄猴之戏。）丘（呼孔子名而语之），予告若而所不能闻，与而所不能言。（予，老聃自称也。若而一声之转，故可连言曰若而，亦可单言曰若，曰而，皆训汝也。）凡有首有趾，无心无耳者众。（有头有脚而无心知无耳闻者，众庶也。）有形者与无形无状而皆存者尽无。（有形者人也，无形无状者道也，人能与道并存者无有也。）其动止也，其死生也，其废起也，此又非其所以也。（言芸芸万物之动静生死废兴，不过后起之现象，非其本来之所以然。）有治在人（在，存也，察也，《老子》四十九章曰"圣人在天下"，《庄子·在宥篇》曰"闻在宥天下"），忘乎物，忘乎天，其名为忘己。（忘物矣，并其自然之天而亦忘之，则人我两忘，故曰忘己。）忘己之人，是之谓入于天。"（入天门，与天为一，此圣人之治也。）

《庄子·应帝王篇》　阳子居见老聃曰："有人于此（假托有人，实即杨朱自况也），嚮疾强梁（嚮、向通用字，志向也，趣向也。疾，截也，有所越截也，即心理学所谓过程也。梁借为勍，谓志向所经行者，坚强劲勍也），物徹疏明（徹、辙古今字，通也。谓观，物所通者，疏朗明达也），学道不勌（倦、勌古今字），如是者可比明王乎？"（明王即圣人也，老子答语中之圣人可证。）老聃曰："是于圣人也，胥易技系，劳形怵心者也。（言此只可为圣人之胥徒及技工，易亦即变易，如今之轮流换班做事。系亦即系属，如今之专门一科工作，故二者又有别也。）且也虎豹之文，来田。猿狙之便，执斄之狗，来藉。（文，谓皮也，其皮有文采也。田，猎也。藉，系也。有文采者被猎，有才能者被系也。）如是者可比明王乎？"（仿佛汉高祖功狗功人之喻。）阳子居蹴然曰："敢问明王之治？"老聃曰："明王之治，功盖天下而似不自己。（己，谓我也，不从我出也。）化贷万物而民不恃。（贷，与也，《老子》四十一章曰"夫道，善贷且成"，二章曰"为而不恃"。）有莫举名（《老子》十七章曰"太上，下知有之"，三十二章曰"道常无名"），使物自喜。（《老子》二十章曰"众人熙熙，如享太牢，如登春台"。）立乎不测而游于无有者也。"（《老子》十五章曰"微妙玄通，深不可测"，十一章曰"三十辐共一毂，当其无有，车之用"。）

吾人欲读此文，须知明王圣人者，即三皇五帝三代以来所传统，治天下之予一人也。《庄子·天下篇》分天人、神人、至人、圣人、君子、百官、万民七等人，就事实而言之，则天人、神人、至人亦皆即圣人也。惟君子为未达一间，而鲁者礼义之邦、君子之国也。虽得周之备物典策，然究以侯国，其能传帝王之术者绝迹于境内。故孔子、杨朱咸有绍古明王、圣人之帝王思想，是以纷纷不惮向老子问道也。老子者，周守藏室之史也。传古来帝王之术者，此为正宗。故孔子、杨朱之愿为弟子者，犹后世道、释两教之徒弟，与今出洋之留学生也。且也老子之术，世名曰黄老，《史记·孟子荀卿传》曰"慎到，田骈，接子，环渊，皆学黄老道德之术"，是其证也。汉初，更名曰黄帝、老子。《史记·陈丞相世家》《外戚世家》《乐毅传》《日者传》皆有此语，又可证也。黄、皇古字通用，故黄帝、老子者即皇帝、老子也。老者，长老也，至尊也。今俗犹习呼"皇帝老子"一语（其意四字并成一名，即至尊无上），而不知其由来至远也。是故，《汉书·艺文志》谓道家言"君人南面之术"者，信也。然又何与于"离坚白，合同异；然不然，可不可"之事耶？则道德、刑名二者本为一体一用之学。故孔子、杨朱咸天赋英材，笃生圣哲，皆初慕辨察为治，以为能正刑名，即可为帝王也。孔子之问"离坚白，若县寓"，即杨朱之问"物彻疏明"，吾于第一章已言之。且老子曰："无私焉，乃私也。"正即可不可、然不然，名家充虚施易之法也。然而道家不限于此者，此不过一种对于物观透测之手段，尚非明王、圣人之真本领所在也。故老子之于孔、杨二子，咸各有进以益之。孔子之圣人，即杨朱之明王。圣人忘己而入于天，即明王之功盖天下而似不自己。抑何二子同事一师，而所问所答，几全同也。则大道本自要言而不烦，故无甚异同也。

其后孔子亟称尧曰："荡荡乎民无能名焉。"又称舜"无为而治，恭己正南面而已矣"。而杨朱之全性保真者，亦即虚无无为也。此皆孔、杨二子奉教于老子所得之成绩，班班可考者也。

第三节　老聃教训孔、杨二子之道德

二曰孔子、杨朱同学于老子，关于德行之教训相似，如次。

《史记·孔子世家》孔子适周……问礼，盖见老子云。（《史记》此处有误会，详余著《老子列传考释》中。）辞去，而老子送之曰："吾闻'富贵者送人以财，仁人者送人以言'。吾不能富贵，窃仁人之号，送子以言。"曰："聪明深察而近于死者，好议人者也。博辩广大，危其身者，发人之恶者也。（《老子》八十一章曰"善者不辩，辩者不善；知者不博，博者不知"。）为人子者毋以有己。为人臣者毋以有己。"（《老子》八十一章曰"既以为人，己愈有；既以与人，己愈多"，杨朱曰"行贤而去自贤之心"。）

《史记·老子传》孔子适周，将问礼于老子。老子曰："子所言者，其人与骨皆已朽矣，独其言在耳。且君子得其时，则驾（谓驾车马而仕也）；不得其时，则蓬累而行。（累即纍之省文，蓬首纍容也。《诗·卫风》曰"首如飞蓬"，《礼记·玉藻》曰"丧容纍纍"。）吾闻之：'良贾深藏，外形（此二字据《索隐》引《嵇康高士传》增）若虚；君子盛德，貌若愚。'（《论语》，曾子曰"有若无，实若虚"，《大戴礼·曾子制言篇》曰"良贾深藏如虚，君子有盛教如无"。）去子之骄气与多欲，态色与淫志。（作态之色，淫放之志。）是皆无益于子之身。（《老子》四十八章曰"为道日损，损之又损，以至于无为"。）吾所以告子，若是而已。"

《庄子·寓言篇》阳子居南之沛（今江苏徐州府沛县东，已详前章），老聃西游于秦（详中篇第四章，第一节），邀于郊（要、邀通用字，要之于路而在郊。盖有关梁之地，所必经行也。《孟子·梁惠王篇》曰"郊关之内"），至于梁而遇老子。（梁谓桥也，关梁也，《墨子·经上》五〇章曰"若人过梁"，亦谓桥也。）老子中道仰天而叹曰："始以汝为可教（此语可见杨朱为老子入室弟子，能得真传者，黄石公传张良书，亦不过曰"孺子可教也"），今不可也。"阳子居不答（功深矣），至舍，进盥漱巾栉（一盥，二漱，三巾，四栉，凡四事，今人犹如此），脱屦户外，膝行而前。（请罪也。）曰："向者弟子欲请夫子，夫子行不闲（闲，暇也），是以不敢。今闲矣，请问其过。"（过，失也。）老子曰："而睢睢盱盱（《说文》曰"睢，仰目也。盱，张目也"。《史记·伯夷传》，暴戾恣睢，《正义》云"仰白目怒儿也"。《汉书·王莽传》，盱衡厉色，《注》云"举眉扬目也"），而谁与居。（谁与为居，盖观其眸子而知其胸中不似有德者，与戒孔子，去骄气态色多欲淫志，正同。）大白若辱，盛德若不足。"（《老子》四十一章文，故二十八章曰"知白守黑，知荣守辱"。）阳子居蹴然变容曰："敬闻命矣。"（闻教命也。）其往也（杨朱偕老子同至舍），舍者迎将。（舍者，旅舍中之客也。将，进也。）其家公执席（家公，舍主人也），妻执巾栉。（妻，主妇也。）舍者避席，炀者避灶。（然火者亦避之，以上见杨朱大师之声威，旅舍主客咸尽敬礼。）其反也，（离沛而返国也）舍者与之争席矣。（故杨朱见梁王曰"将治大者不治小，成大功者不小苛"。）

吾人观此孔子、杨朱之气质，大略相同。故即据以为必皆鲁国人之要证也。盖鲁者，君子之国也。故曰："正颜色，出辞气。"又曰："正其衣冠，尊其瞻视。"此《鲁论》一书之宝训也。晏婴之指摘孔子曰："夫儒者滑稽而不可轨法，倨傲自顺不可以为下。……今孔子盛容饰，繁登降之礼，趋详之节。累世不能殚其学，当年不能究其礼。"则老子之教训孔子，谓须去子之骄气与多欲，态色与淫志，亦非无故矣。杨朱虽其事不详，然为我贵己者，不免予智自雄。势所必至，理有固然。且《庄子·天地篇》之指摘杨墨曰："趣舍、声色以柴其内，皮弁、鹬冠、搢笏、绅修以约其外。"则尤可证墨为鲁人而如是容服，必杨亦为鲁人而如是容服。岂非杨朱必为鲁人而无可疑哉？是老子之戒其睢盱，正不特杨朱之个性为然，亦实其所生之鲁国风俗习惯使然也。不然，何以孔子腾跃于前，墨也、杨也踵武接迹于后，三哲者之主义政见，完全不同。而其气质，偏独大略相似。是而欲不归之于其国俗所凝成之个性，乌乎可哉？大抵道家以虚己容物为德行之总要，而其目的，则在待天下之人，乐推而不厌也。

第四节　孔、杨二子学道之优劣

孔子、杨朱同学于老聃，而其结果所得于学道成绩之优劣，亦吾人所亟欲一研究而知之者也。是有三法以测知之。

第一，老聃见杨朱曰"始以汝为可教"，送孔子曰"去子之骄气与多欲，态色与淫志"，其语意之中，大有轻重，不能不谓杨优而孔劣也。

第二，杨朱两度奉教于老聃，咸立即蹴然改容，不留些许退转之余地，正不愧其自负"向疾强梁，物彻疏明，学道不倦，可比明王"之豪语。断不若孔子闻老聃之教而未必即尽遵行也。（孔子至于列邦，必闻其政。子贡虽称夫子温良恭俭让以得之，然非盛容繁礼者，固不得与知政也。故以为未尽遵行也。）是在孔、杨二子之自身，亦不能不显有优劣之判也。

第三，《庄子》一书，分内篇外篇，显有内道家而外其他百家之意趣。则杨朱问道于老聃，在内篇之《应帝王篇》，明杨朱得道家帝王之术之正宗也。而孔子问道于老聃，在外篇之《天地篇》，明孔子犹为道家之旁门外道也。是《庄子》书之于孔、杨二子，早已显判优劣也。

然则吾人不能不谓杨朱确是老子之嫡派正宗，而孔子非其匹也。后世崇儒而黜百家，重视孔子而鄙视杨朱，未免"有眼不识泰山"矣。崔述曰："道家之所谓黄老者，即杨氏也。"（《孟子事实录》卷下）崔氏之书（《崔东壁遗书》）不尽足取，而此言非无一面之理由。然杨朱毕竟与老子不全同，让诸中篇论之。

第三章 攻杨、墨声中之杨朱

第一节 老聃斥儒、墨之教训

老聃虽为杨朱之师，然其攻儒、墨，即开攻杨、墨之先声，不可不急先知也。

《庄子·天运篇》 孔子见老聃归，三日不谈。……子贡……遂以孔子声，见老聃。（以孔子之名为先容而见。）老聃方将倨堂（倨、踞通用），而应微曰："予年运而往矣（时已年迈，故应声微），子将何以戒我乎？"（戒，教也。）子贡曰："夫三王五帝之治天下不同（三王一本作三皇，皆即三代也。五帝前，三王后，古人行文，不妨任意颠倒），其系声名一也。（关系于声名）而先生独以为非圣人,如何哉?"(田巴、盗跖亦毁三王五帝,不必与老子同。)老聃曰:"小子少进(命其少进于前席),子何以谓不同。"对曰:"尧授舜,舜授禹。禹用力而汤用兵。文王顺纣而不敢逆,武王逆纣而不肯顺。故曰不同。"老聃曰:"小子少进(又命其前进),余语汝三皇五帝之治天下。(三皇即三王,古字通用。)黄帝之治天下,使民心一。(一死生也。)民有其亲死,不哭而民不非也。(死生若一,故不哭,不为非。)尧之治天下使民心亲(知亲疏也),民有为其亲杀其杀而民不非也。(杀,降也,疏者降杀,是杀其所杀也。)舜之治天下,使民心竞。(竞,强也。)民孕妇十月始子(民有孕妇),子生五月而能言。(不必周岁能言。)不至乎孩而始谁(谁者,别人之意,未至孩笑而已知辨识人),则人始有夭矣。(夭,不寿也。)禹之治天下,使民心变。(变,反变也。)人有心而兵有顺。(人心不齐,称兵为顺。)杀盗非杀人(名家语,亦见《墨子·小取篇》),自为种而天下耳。(自为其种姓而天下之耳。天下作动字用,言禹始家天下也。)是以天下大骇,儒墨皆起。(儒祖尧舜,墨崇大禹,故儒墨皆起。)其作始有伦(其指三皇五帝,下文可证,其始尚有伦纪),而今乎妇女何言哉?(《墨子·辞过篇》曰"当今之君,大国拘女累千,小国累百",此正人伦道苦,室家仳离之秋也。)余语汝三皇五帝之治天下,名曰治之,而乱莫甚焉。

（此老子之反社会观。）三皇之知，上悖日月之明（悖，乱也），下睽山川之精（睽，隔也），中堕四时之施。（施，布也。）其知憯于蛎虿之尾。（《广雅》曰，"虿□，蝎也"，蛎虿同字，蛎虿，虿蛎，皆叠韵连语，倒言顺言，俱一义也。）鲜规之兽，莫得安其性命之情者。（鲜借为尟，小也。规借为睳，犹今言颗也。言虽小颗之兽，不能安其性命，犹言鸡犬不宁也。）而犹自以为圣人，不可耻乎？其无耻也。"子贡蹴蹴然立不安。

《庄子·在宥篇》崔瞿问于老聃曰："不治天下，安臧人心。"（臧，善也。）老聃曰："汝慎无撄人心（撄，挠也）。人心排下而进上。……偾骄而不可系者，其唯人心乎，昔者黄帝始以仁义撄人之心。尧、舜于是乎股无胈（自髀以下曰股，白肉曰胈），胫无毛（自膝以下曰胫），以养天下之形。（有形之人也）愁其五藏（藏俗作脏），以为仁义。矜其血气，以规法度。（矜，苦也。）然犹有不胜也，尧于是放谨兜于崇山（在今湖南澧州永定县西），投三苗于三峗（峗，一本作危，三危在今甘肃敦煌县南，与岷山相接），流共工于幽都（幽都，今外蒙古肯特山），此不胜天下也夫！（重言慨叹。）施及三王而天下大骇矣。（施，迤也。）下有桀、跖，上有曾、史（桀、跖，本即夏桀、盗跖，此为泛指小人盗贼之名。曾、史，本即曾参、史鱼，此为泛指君子官绅之名。），而儒、墨毕起。（儒、墨起源已详前。）于是乎喜怒相疑，愚知相欺，善否相非，诞信相讥，而天下衰矣。（此一言升沉起伏日巫之社会。）大德不同，而性命烂漫矣。（此又一言糜烂散漫之人心。）天下好知，而百姓求竭矣。（此又一言财殚力竭之百姓。）于是乎钅斤锯制焉（钅斤一本作斤，斤锯犹言刀锯也，用以伐木者），绳墨杀焉（绳墨犹言徽墨也，用以裁木者），椎凿决焉。（椎凿为制器穿孔之用，以上三者言工匠之事，但亦转为杀人之用语。）天下脊脊大乱（脊脊一本作肴肴，当为肴之误，言混乱也），罪在撄人心。（申言慨叹。）故贤者伏处大山嵁岩之下（嵁、湛义通，堪为山深，湛为水深也）；而万乘之君，忧悚乎庙堂之上。（老子当春秋战国之际，故言万乘之君。）今世殊死者相枕也（殊，断也，断头而死也），桁杨者相推也（施于颈及胫之械，皆曰桁杨。），刑戮者相望也，（刑戮，泛指被刑者。）而儒、墨乃始离跂攘臂乎桎梏之间。（离、利通用，跂，足多指也，《荀子·非十二子篇》作利跂，则犹言捷足也，急足奔走也，攘臂犹言振臂呼救也。）意！（同噫。）甚矣哉，其无愧而不知耻也甚矣。（老庄视儒、墨以智救智，犹扬汤止沸，故谓其不知耻。）吾未知圣知之不为桁杨椄槢也（椄槢，谓械之楔也，桁杨叠韵，椄槢双声，桁杨为械，椄槢则械之管合处，有楔入之□是也），仁义之不为桎梏凿枘也（凿，孔也；枘，纳入孔中者也。桎梏有孔，而复有纳入之者，以为关合），焉知曾、史之不为桀、跖嚆矢也。（嚆，响声也。矢行摩擦空气有声，人闻声而矢至，故嚆矢者，犹言先声也。）故曰绝圣弃知而天下大治。"（此是老庄治天下之根本政策。）

此以老子高寿，卒于战国前期，故得见儒、墨相争。而对于子贡、崔瞿二人之教训，即从历史哲学之观念而来，甚明也。夫天下事有一利，必有一弊，利弊本同事也。故文明适为罪恶之源泉，无足怪也。《老子》二章曰："天下皆知美之为美，斯恶矣。天下皆知善之为善，斯不善矣。"与此老聃曰："三皇、五帝之治天下，名曰治之而乱莫甚焉。"又曰："吾未知圣知之不为桁杨椄槢也，仁义之不为桎梏凿枘也，焉知曾、史之不为桀、跖嚆矢也。"正可映合无间也。是以老聃甘自隐无名，即所谓贤者伏处大山嵁岩之下也。今世社会学家亦言"都会之罪恶，远不若乡村之道德，犹有古风存焉"。此正即老子之旨也。

第二节 庄子攻杨、墨声中之杨朱

庄子者，自命为老子之崇拜者也。故其攻杨、墨也，则亦以杨、墨之辩智，为徒使天下之人，不得安其性命之情也。

《骈拇篇》是故骈于明者，乱五色，淫文章，青黄黼黻之煌煌，非乎，而离朱是已。（离朱即离娄也，然此当指凡明目者皆曰离朱也。）多于聪者，乱五声，淫六律，金石丝竹、黄钟大吕之声，非乎？而师旷是已。（师旷，晋大师，然此当指凡聪耳者皆曰师旷也。）枝于仁者擢德塞性（塞当为搴之误，擢搴皆拔也），以收名声，使天下簧鼓以奉不及之法（人所不能及者。），非乎？而曾史是已。（此曾、史当亦皆指有行者而言。）骈于辩者，累瓦结绳（瓦当作丸，形近之误，《释文》引一云"瓦当作丸"，是也），窜句游心于坚白同异之间（此皆辩者之能事，详余著《辩经讲疏》中），而敝跬誉无用之言。（敝，尽也，极也。跬一本作趌，皆借为恑，怪也。誉，名也，辩者得怪名，而尽无用之言也。）非乎？而杨、墨是已。（庄子与杨朱同时人也，故此杨、墨当指杨朱、墨翟及其徒也。）故此皆多骈旁枝之道，非天下之至正也。彼正（当作至，形误字。）正者，不失其性命之情。

《胠箧篇》擢乱六律（擢，拔也），铄绝竽瑟（铄，烧也；绝，断也），塞瞽旷之耳（师旷目瞽，故曰瞽旷），而天下始人含其聪矣。灭文章（即青黄黼黻之文章），散五采，胶离朱之目，而天下始人含其明矣。毁绝钩绳而弃规矩，擟工倕之指（擟，折也，倕为共工，故曰工倕），而天下始人有其巧矣。故曰："大巧若拙。"（《老子》四十五章文）削曾、史之行，钳杨、墨之口，攘弃仁义（□行其口，皆关仁义），而天下之德始玄同矣。（玄、混古字通，即混同也。）彼人含其明，则天下不铄矣。（铄，销铄也。）人含其聪，则天下不累矣。（累，忧累也。）人含其知，则天下不惑矣。人含其德，则天下不僻矣。彼曾、史、杨、墨、师旷、工倕、离朱者，皆外立其德，而以爚乱天下者也。法之所无用也。（此法与韩非之言法同，故《史记》以老、庄、申、韩合传也。）子独不知至德之世乎？（《韩非子·大体篇》亦言至安之世，故老、庄、申、韩之言治，同一目的也。）昔者容成氏、大庭氏、伯皇氏、中央氏、栗陆氏、骊畜氏、轩辕氏、赫胥氏、尊卢氏、祝融氏、伏羲氏、神农氏（凡十二氏），当是时也，民结绳而用之（纵有文字而不用，犹以结绳为治，别详余著《中国文字学》中），甘其食，美其服，乐其俗，安其居。邻国相望，鸡狗之音相闻，民至老死而不相往来。（《老子》八十章，此老子理想中之乌托邦也。夫社会之长成，如人生之自幼至老，此种幼稚社会，迨及已入成长社会，而欲其返老还童，再入于幼稚社会，自非曾经刀兵水火之浩劫，不能立臻，故老庄皆不讳言兵也。）若此之时，则至治矣。今遂至使民延颈举踵，曰“某所有贤者”，赢粮而趣之（赢，裹也），则内弃其亲而外去其主之事。（亲，家也。主，国也。）足迹接乎诸侯之境，车轨结乎千里之外（轨，车辙迹也。结，交也），则是上好知之过也。上诚好知而无道，则天下大乱矣。何以知其然邪？夫弓弩、毕弋、机变之知多，则鸟乱于上矣。（弓弩异物，尽人所知。毕有柄，捕鸟网也。弋有绳，射鸟缴也。机变，承上文之弓弩毕弋四物而申言之。）钓（当作钧）饵、罔罟、罾笱之知多，则鱼乱于水矣。（王念孙曰"钧本作钓，后人所改"，是也。钓即钓钩也。饵，香饵也。罔罟皆网也。罾，今俗曰扳罾，网沉于水底，鱼入而不知，上有架梳提挈之，可一网而获多鱼也。笱，今俗曰退笼，颈小而口腹皆大，鱼入而不知，欲出而不能。）削格、罗落、罝罘之知多，则兽乱于泽矣。（格，木长枝也。罗亦网也。削格，削木为遮格之具也。罗落，张罗为牢落之用也。兔罟曰罝，他书亦用罝罘连语。罘即罝字，一本作罳，罳即罝字，则捕鸟用矣。）知诈渐毒、颉滑坚白、解垢同异之变多，则俗惑于辨矣。（知巧而诈险，渐则更深于诈，毒则其至极也。颉、黠同声，滑字亦变作猾，颉滑盖即黠猾也，谓狡猾也。解垢，邂逅，声同义近，《淮南子·俶真篇》作解构，犹合会也。然则颉滑坚白义在于离，解垢同异义在于合，故曰离坚白、合同异也。）故天下每每大乱（每、晦同声，每每即晦晦，犹昏昏也），罪在于好知。

《天地篇》百年之木，破为牺樽（牺读为沙，凤凰也，刻饰于樽，形至美丽），青黄而文之（文、彣通用），其断在沟中（断，谓破木所余而断弃者），比牺樽于沟中之断，则美恶有间矣。（间，隔别也。）其于失性一也。跖与曾、史，行义有间矣，然其失性均也。且夫失性有五，一曰五色乱目（五色，青黄赤白黑），使目不明。二曰五声乱耳（五声，宫商角徵羽），使耳不聪。三曰五臭薰鼻（五臭，膻焦香腥朽，见《礼记·月令》），困惾中颡。（惾字不见于《说文》，郭音俊，则读为㑞。然以声求之，困惾当即佂伀一语之异文也。《楚辞·思古》王注云"佂伀，犹困苦也"。）四曰五味浊口（五味，甘酸辛苦咸），使口厉爽。（厉，痛也。爽，伤也。）五曰趣舍滑心（趣，取也。舍，去也。滑，乱也），使心飞扬。（心飞扬，则不镇定，而将失性矣。）此五者，皆性之害也。（皆由智使之然也。）而杨、墨乃始离跂。（离、利通，亦分离也，分路扬镳也。老子亦斥言儒、墨离跂攘臂，可互证。）自以为得（自以为得救世之道），非吾所谓得也。（道不同故。）夫得者困（杨、墨皆救世遭困，见摈不用），可以为得乎？则鸠鹄之在于笼也，亦可以为得矣。（庄生不干世，宁为曳尾涂中之龟，故作此语。）且夫趣舍声色以柴其内（杨子取为我，墨氏兼爱，是其取舍不同。声色谓名声物色也，如坚白是也。惠施曰"相镇以声"，可互证。柴，小木散材也，柴其内，犹言有物横亘胸中也），皮弁、鹬冠、搢笏、绅修以约其外。（弁亦冠也；皮牟，以皮为之。鹬冠，鹬鸟之翠羽饰冠，知天文者冠之，术士冠也。搢，插也，古者贵贱皆执笏，即手板也，长二尺有六寸，中博三寸。修，长也。绅修，即修绅之倒语也，约如绳之约束也。）内支盈于柴栅（支，塞也。盈，满也。栅，栏也，内塞盈满柴栏也），外重纆缴。（纆，索也。缴，网也，言外有重重绳索缠绕之。）睆睆然在纆缴之中（睆睆，穷视貌，犹顾盼自雄也），而自以为得。（自以为得道之人也。）则是罪人交臂历指（交臂，臂交于后而反缚也。历指如后世之拶指，有刑具夹其指也），而虎豹在于囊槛（囊槛，槛柙也），亦可以为得矣。（庄子自放于礼法之外，故以杨、墨口辩，如此盛容，为桎梏矣。）

（徐无鬼篇）庄子曰："天下非有公是也，而各是其所是。天下皆尧也，可乎？"惠子曰："可。"（名家本有两可之说，故曰可也。）庄子曰："儒、墨、杨、秉四（公孙龙字子秉），与夫子为五，果孰是邪？"……惠子曰："今夫儒、墨、杨、秉，且方与我以辩（五家相与辩论），相拂以辞（辞，谓辞句也），相镇以声（声，谓名实也），而未始吾非也，则奚若矣。"（《天下篇》曰"惠施自以为最贤"，于此可见。）

此庄子极端排斥杨、墨，与老子之极端排斥儒、墨，绝无二致也。曰"至正者不失其性命之情"，曰"天下每每大乱，罪在好知"，皆见庄子之本旨，已言之极明了而无余蕴也。故庄子虽非老子之亲炙弟子，然于此殆不能不谓为老子之嫡派真传也。而杨朱信史之资料，正可于其攻击之口吻中，而得若干事。

一曰口辩：（1）累瓦结绳，窜句游心于坚白同异之间，而敝跬誉无用之言。（2）知诈渐毒，颉滑坚白，解垢同异之变。（3）相拂以辞，相镇以声。

二曰仁义：钳杨、墨之口，攘弃仁义。

三曰立德：杨、墨皆外立其德。

四曰离跂：杨、墨乃始离跂，自以为得。

五曰内术：趣舍声色，以柴其内。

六曰外容：皮弁、鹬冠、搢笏、绅修，以约其外。

此六事者，真杨朱信史之资料也。零金断璧，弥可宝贵。下视伪《列子·杨朱篇》，真瓦砾之不若，且有粪土其言者矣。

然有一事当注意者，则庄子口中之离朱、师旷、曾、史、杨、墨，之数人者，何其生年参差不相值也。意岂泛指凡明目者皆可曰离朱，凡聪耳者皆可曰师旷，凡行仁义者皆可曰曾、史，凡善口辩者皆可曰杨、墨耶？大抵古人行文，原有变化，诚不免实者虚之，虚者实之者。要视其时世之远近为断，则距于庄子时世已远者，如离朱、师旷，洵当为泛指之名词，曾、史犹与庄子时世相近也。若杨、墨则与庄子大抵并世而生，即稍有先后，相差无几。故其所指杨、墨，不能不承认其确为杨朱、墨翟之本身，不然，亦必杨朱、墨翟嫡传之徒众也。

第三节 孟子攻杨、墨声中之杨朱

孟子攻杨、墨，与老庄全异其趣。大旨以其不宗孔子而攻之，则门户之见矣。

《滕文公下篇》公都子曰："外人皆称夫子好辩，敢问何也？"（公都子，孟子弟子。外人，非孟子之徒也。）孟子曰："予岂好辩哉，予不得已也。……圣王不作，诸侯放恣（周室既衰，列国纷争），处士横议（士争求用），杨朱、墨翟之言盈天下（杨、墨二家之言，左右天下之社会），天下之言不归杨则归墨。（当时言论界之潮流，有两大派之倾向。）杨氏为我，是无君也，墨氏兼爱，是无父也。无父无君是禽兽也。（为我未必是无君，兼爱未必是无父。无父无君未必是禽兽，此孟子之理论不周密处。）公明仪曰：'庖有肥肉，厩有肥马，民有饥色，野有饿莩（莩，亦作殍，飘落也，饿死倒落之人也，此应责之于在上者之失政。杨、墨同是从旁救世之人，孟子转以责杨、墨，亦其强入人罪处），此率兽而食人也。'（率兽而食人者，七国之君相，不关杨、墨，是孟子张冠李戴法。）杨、墨之道不息，孔子之道不著（原来只捧孔子），是邪说诬民，充塞仁义也。（荀子亦力诋百家为家言邪学，皆为捧一孔子。自道家视之，则儒、墨各一仁义，杨、墨亦各一仁义，不如并仁义而去之。然又为过当之论，不如各行其是之为得也。）仁义充塞，则率兽食人，人将相食。（率兽食人，与人相食，须有事实。无事实而专凭推理，则呓语疯话耳。）吾为此惧，闲先圣之道。（闲，防闲也，保存古物，却是不错。）距杨、墨（杨朱攻儒不可考，墨子攻儒甚烈，则是儒、墨相抗拒也。距、拒通），放淫辞，邪说者不得作。作于其心，害于其事。作于其事，害于其政（学说是学说，政治是政治，不妨政治者，其学说非无存在之余地，况论心而不论事，去于历史科学远矣），圣人复起，不易吾言矣。（死人无对证，亦是逻辑错误处。）昔者禹抑洪水而天下平。（此是历史上之事实。）周公兼夷狄，驱猛兽而百姓宁。（此亦历史上之事实。）孔子成《春秋》而乱臣贼子惧。（只恐未必惧，不免儒家之法螺。）《诗》云'戎狄是膺，荆舒是惩，则莫我敢承'。（此是颂美鲁僖公诗，当时鲁何尝不降服于楚，孟子断章取义，拉扯到周公身上，是其胡调处。）无父无君，是周公所膺也。（膺，击也，楚叛中国有其事实，诚宜击之。）我亦欲正人心，息邪说，拒诐行，放淫辞（邪、诐、淫，皆不正当之谓也，但此不过种种学说，而牵入政治，终是错误），以承三圣者（杨书不可考，墨亦何尝不承禹、周公，孟、荀亦各自承孔子而相攻，然则死人无对证，徒是费话），岂好辩哉！予不得已也。能言距杨墨者，圣人之徒也。"（此距之一字，是号召党徒法。利用学者头脑简单之心理，以鼓动一世之风潮，然实学术界之魔障也。）

（赵岐注）（1）好辩，言孟子好与杨、墨之徒辩争。（2）战国纵横，布衣处士。游说以干诸侯，若杨、墨之徒，无尊异君父之义，而以横（此字据他本改）议于世也。（3）孟子自谓能诋杨、墨也。徒，党也。可以继圣人之道，谓名世者也。

《尽心上篇》孟子曰："杨子取为我，拔一毛而利天下，不为也。（此攻人法，用极端之言也，其实杨朱必为己而后可以利天下，犹儒家正己而后正人也。）墨子兼爱，摩顶放踵（摩借为磨，为靡，尽也，灭也。放，至也，灭顶至踵，无其身也），利天下而为之。（此亦攻人法，用极端之言也，其实墨子书明言爱人不外己，己即在所爱之中，与儒家言杀身成仁无异也。）子莫执中（子莫盖即颛孙子莫；或谓即魏公子牟者，非也），执中为近之。（为我兼爱各趋极端，执中者，执两端而用中也。）执中无权（权而得中，则执中亦权也。然孟子则意在排斥，至诋为无父无君之禽兽，异哉其所谓权也），犹执一也。（执一不通）所恶执一者，为其贼道也（然则《吕览》《淮南》皆非孟子所取也），举一而废百也。"（杂家取百家之长正，是此法。）

（赵岐注）（1）杨子，杨朱也。为我，为己也，拔己一毛，以利天下之民，不肯为也。（2）墨子，墨翟也。兼爱他人，摩突其顶，下至于踵，以利天下，己乐为之也。

（3）子莫，鲁之贤人也。其性中和专一者也。执中和，近圣人之道。然不权圣人之重权，执中而不知权，犹执一介之人，不知时变也。所以恶执一者，为其不知权，以一知而废百道也。

《尽心下篇》孟子曰："逃墨必归于杨，逃杨必归于儒，归斯受之而已矣。"（此是会匪招抚法，讲学而用会党法，则政客之所为矣。）今之与杨、墨辩者，如追放豚，既入其苙（苙，圈也，栏也。苙、栏一声之转），又从而招之。（招借为绍，紧纠也，坚缚之也。）

（赵岐注）（1）墨翟之道，兼爱无亲疏之别，最为违礼。杨朱之道，为己爱身，虽违礼，尚得不敢毁伤之义。逃者去也，去邪归正，故曰归。去墨归杨，去杨归儒，则当受而安之也。（2）苙，栏也。招，胃也。今之与杨、墨辩争道者，譬如追放逸之豕豚，追而还之，入栏则可，又复从而胃之，太甚。以言去杨墨归儒则可，又复从而非之，亦云太甚。

此孟子极端排斥杨、墨，与老子、庄子极端排斥儒、墨及杨、墨者，其目标全异也。曰"孔子之徒"一语，即孟子之目标全然明了也。至其出极端丑诋之恶词，恃为攻击之武器，未免甘为一人之走卒，而有伤大雅之风度也。故孟子者，盖儒门政客之尤者也。然杨朱信史之资料，又可于其攻击之口吻中，而得若干事。

一曰言盈天下：处士横议，杨朱、墨翟之言盈天下，天下之言不归杨，则归墨。……邪说……诐行……淫辞……

二曰为我无君：杨氏为我，是无君也，无君即禽兽也。

三曰不利天下：杨氏为我，拔一毛而利天下不为也。

四曰充塞仁义：杨、墨之道，邪说诬民，充塞仁义也。

五曰逃杨归儒：逃杨必归儒——杨朱之道，为己爱身，虽违礼，尚得不敢毁伤之义。（赵岐注）

此五事者，亦真杨朱信史之资料也。明曰杨朱、墨翟之言盈天下，则直斥杨朱而并及其徒可知也。

第四节　韩子攻杨、墨声中之杨朱

韩非攻杨、墨，又与庄、孟二子异其趣，则彼为法家，故以杨、墨为无用不法而攻之也。但攻之有明斥杨、墨者，有不明斥杨、墨者，试胪论之。

《八说篇》察士然后能知之，不可以为令，夫民不尽察。贤者然后能行之，不可以为法，夫民不尽贤。杨朱、墨翟，天下之所察也。干世乱而卒不决，虽察而不可以为官职之令。（以必察士然后能知之故。）鲍焦、华角，天下之所贤也。鲍焦木枯，华角赴河，虽贤不可以为耕战之士。故人主之所察，智士尽其辩焉。人主之所尊，能士尽其行焉。今世主察无用之辩（杨朱、墨翟之辩），尊远功之行，索国之富强，不可得也。博习辩智如孔、墨，孔、墨不耕耨，则国何得焉。修孝寡欲如曾、史，曾、史不攻战，则国何利焉。

此明斥杨朱、墨翟而攻之，以其所辩者，必察士然后能知之，故斥为无用之辩也。然又曰"博习辩智如孔、墨"，而独不数杨朱，则可知杨朱能为辩察，而未能博习辩智如孔、墨也。后世以孔、墨并称，而不及杨朱，必以此也。然博习者何，盖孔、墨皆博习六艺，而杨朱之所不为也，杨朱之所不为者，正以其为全性保真之学者也。

《问辩篇》乱世之听言也，以难知为察（杨朱、墨翟），以博文为辩（孔丘、墨翟），其观行也，以离群为贤，以犯上为抗。（杨朱亦与焉）人主者说辩察之言，尊贤抗之行，故夫作法术之人，立取舍之行，别辞争之论（杨朱、墨翟同有之），而莫为之正。是以儒服带剑者众（杨朱、墨翟同之），而耕战之士寡。坚白无厚之词章（杨朱、墨翟同之），而宪令之法息。

此虽不明斥何人，然以《八说篇》所明斥者而求之，则以难智为察者，必隐该杨朱、墨翟也。以博文为辩者，必隐该孔丘、墨翟也。（《吕览》有《博志篇》，博志即博诋也，亦明斥孔丘、墨翟，可以互证。）以离群为贤，以犯上为抗者，必兼该杨朱、墨翟、孔丘也。而儒服带剑者众，证以庄子所言杨、墨皮弁鹬冠云云，亦必隐该杨朱、墨翟在内也。其坚白无厚之词，自当专指杨朱、墨翟，而孔丘或亦该在内，更可无疑也。

《显学篇》今有人于此，义不入危城，不处军旅，不以天下大利，易其胫一毛。世主必从而礼之，贵其智而高其行，以为轻物重生之士也。夫上所以陈良田大宅，设爵禄，所以易民死命也。今上尊贵轻物重生之士，而索民之出死而重殉上事，不可得也。（与孟子斥杨朱为我无君，正略相似，而所以斥者不同耳。）

《六反篇》畏死远难，降北之民也。而世尊之曰贵生之士。（此必杨朱之末流。）

此一则曰"轻物重生之士"，再则曰"贵生之士"，当皆指杨朱之徒，无可疑也。况所谓"不以天下大利，易其胫一毛"，尤与孟子所诋"杨朱拔一毛而利天下不为也"，其词旨正甚相近乎？

《**忠孝篇**》世之所为烈士者（为、谓通用），虽众独行（虽离，盖形近而讹），取异于人。（不以物累形）为恬淡之学，而理恍惚之言。（全性保真，故如此也。）臣以为恬淡，无用之教也。恍惚，无法之言也。言出于无法，教出于无用者，天下谓之察。（杨朱，天下之所察也。）臣以为人生必事君养亲，事君养亲不可以恬淡（杨朱为我无君），之人（此二字有误）必以言论忠信法术，言论忠信法术不可以恍惚。（恍惚者，君术也，韩子言臣道，故不可以恍惚耳。）恍惚之言，恬淡之学，天下之惑术也。

此一则曰"恬淡之学"，再则曰"恍惚之言"。恬淡，恍惚，皆见老子书中。杨朱学明王之道于老子，自宜尤与此相近也。故窃谓此亦指杨朱之徒而言也。《墨子·经上篇》，虽有"平恢然"章，然非墨家本行也。

大抵杨朱、墨翟皆生当战国前期，庄、孟二子亦生与相值。故目睹杨朱、墨翟之言盈天下，或以名盛而相嫉，或以道异而互争。故攻杨、墨最烈，而其所言者，自多直指杨、墨本人，而可为杨、墨信史之资料也。韩非生于战国末期，则杨朱、墨翟本人已死久矣。所余则为杨朱、墨翟传学之徒，故仅一次明斥杨朱、墨翟而言之。余皆隐约其词，并不明斥何人。然细案其实，当有包该孔、墨、杨三哲传学之徒在内，无可疑也。故又酌定杨朱或其徒，而得信史之资料若干事。

一曰天下之察：杨朱、墨翟，天下之所察也，干世乱而卒不决。

二曰难知之察：以难知为察，虽察而不可以为官职之令。

三曰贤抗之行：以离群为贤，以犯上为抗。

四曰法术之人：作法术之人，立取舍之行，别辞争之论。

五曰重生之士：义不入危城，不处军旅，不以天下大利易其胫一毛，世主从而礼之，贵其智而高其行，以为轻物重生之士。

六曰恬淡之学：离众独行，取异于人，为恬淡之学而理恍惚之言。

此六事者，虽后五事并未明斥杨朱。然证以庄子所言杨墨行事，则要可推为杨朱及其徒信史之资料也。

第四章 言盈天下之杨朱

第一节 荀、吕书中之杨朱

杨朱、墨翟之言盈天下，大受一代学者社会之欢迎，而有庄、孟、韩三子攻之甚力。然有攻之者，亦自必有重之者。于是有《荀子》《吕览》二书可论焉。

《荀子》书中之《修身》《不苟》《非十二子》《儒效》《富国》《王霸》《天论》《正论》《礼论》《乐论》《解蔽》《性恶》《成相》诸篇，遍诋慎子、老子、墨子、宋子、申子、庄子、孟子、惠施、邓析。尤以攻墨子最力，至诋为役夫之道。而独于杨朱不但不攻击之也，且有称道之者焉。

《王霸篇》杨朱哭衢涂曰："此夫过举蹞步，而觉跌千里者夫！"哀哭之。

自《荀子》书中有此明文，而千古争传杨朱有此一语，诚不能不谓为杨朱之知音也。虽他书有传为墨子事者：

《吕览·疑似篇》墨子见歧道而哭之。

《贾子·慎微篇》墨子见衢路而哭之，悲一踦而缪千里也。

此皆与荀子所记不同，当出于传闻异辞。然荀子先吕、贾二子，而《吕览》书更成于众手，则自当以荀子书为足据也。（淮南王、王充、冯衍、应劭、荀悦、孔稚珪、萧统、徐勉、丘迟、尹义尚等，皆从荀子。）

子莫执杨、墨二家之中，其详不可考。然战国末期，竟有采用执中之方式，而隐承杨朱之学统者，《吕览》是已。

《不二篇》听群众人议以治国，国危无日矣。何以知其然也，老耽贵柔，孔子贵仁，墨翟贵廉（廉、兼通用），关尹贵清，子列子贵虚，陈骈贵齐（陈、田通用，陈骈即田骈），阳生贵己（《文选注》引作杨朱，盖臆改），孙膑贵势，王廖贵先，兒良贵后。此十人者，皆天下之豪士也。有

金鼓所以一耳，必同法令，所以一心也。智者不得巧，愚者
不得拙，所以一众也。勇者不得先，惧者不得后，所以一力
也。故一则治，异则乱。一则安，异则危。夫能齐万不同，
愚智工拙，皆尽力竭能，如出乎一空者，其唯圣人矣乎！

（**高诱注**）阳生轻天下而贵己，孟子曰"阳子拔体一毛
以利天下，弗为也"。

此《吕览》所举十豪士者，以为其不能一而危国也。然彼
自以为能一者，亦可于所举十豪士之中而见之焉。试以与《尸
子·广泽篇》云"墨子贵兼，孔子贵公，皇子贵衷，田子贵均，
列子贵虚，料子贵别囿"，所举六人相比较，则大有可注意者。
盖孟子亦尝称其敌视者曰杨子、夷子，可知尸子为个人自著之
书，故概称之曰子，以示其为通常之敬称，而于己无何等之用意
也。若《吕览》则出吕不韦门客众手辑录之书，故不一其称谓。
尤以老聃、关尹、子列子、阳生四人为特异。而孔子尚仅得通常
之敬称曰子，其余若墨翟、陈骈、孙膑、王廖、兒良，则直斥其
名而已。此正一望而可知其显有用意在也。窃谓老聃、关尹、子
列子，皆旧称也。何以言之？老聃姓李名耳，字聃。关尹则官而
非名也。孔子已曰"吾闻诸老聃"，《庄子·天下篇》曰"关
尹、老聃"。此孔子以老聃为师，庄子以关尹、老聃为其所崇拜
者。足见其曰老聃、关尹者，皆为特殊之敬称也。《吴语》，王
孙雄曰"子范子"，范蠡曰"王孙子"，此足证凡称曰子某子

者，比于称曰某子，尤为特殊之敬称也。其后弟子因以称其师，如曰子墨子、曰子列子，皆是也。然墨、列二子皆在战国前期，而辑《吕览》者，相距远矣。乃犹仍其称曰子列子，吾故曰老聃、关尹、子列子，皆旧称也。惟至杨朱而称曰阳生，其风当起于战国末而盛行于西汉初也。古称先生，亦单曰先，曰生。《史记·苏秦传》之苏生，一本，生作先。《越世家》之庄生，《汉书·古今人表》作严先生，皆其证也。且叔孙通与弟子共为朝仪，弟子曰："叔孙生，真圣人也。"是明明弟子称师曰生也。故《史记》《汉书》儒林传中之传学大师，多称生者，如田生、伏生、辕固生、高堂生、胡毋生、欧阳生、董生、黄生，皆是也。（贾谊亦为传学大师，故称贾生。）然则此阳生者，不能不谓辑《吕览》者所与以特殊之敬称也。大抵老聃、关尹、子列子、阳生，皆在战国前期，而同一学统中人也，辑《吕览》者当皆先辈视之矣。但杨朱必以言盈天下之故，尤视为最重要之传学大师，故特殊其敬称曰阳生，无异今人称曰阳先生而不名也。由此推之，则可知《吕览》一书，所自以为能一者，必一于道家言也。而于道家言之中，必尤以杨朱之言为其所以一之焦点也。是以《吕览》全书十二纪之发端，春三月，有曰《本生》，曰《重己》，曰《贵生》，曰《情欲》，曰《尽数》，曰《先己》，凡六篇。所反覆申论者，悉是杨朱"全性保真，不以物累形"之旨，而实《吕览》全书中枢之所在也。夫学说每有随时地而变异，故传学弟子不必尽如其师也。吾前既言老子为传学大师之大师，兹更得《吕览》而广之，则可为传学系统图如次：

```
        ┌孔子
老聃  ──┼关尹—子列子
        └阳生—吕览
```

且此《本生》《重己》《贵生》《情欲》《尽数》《先己》
六篇，首尾一贯，论旨精澈，在《吕览》书中，实可与其他诸篇
分离而独立。则此果为杨朱遗书耶？抑推衍杨朱之旨所成耶？亦
一问题也。夫姬汉古书，大抵转辗传述。自后世视之，直同互相
剿袭。《吕览》一书，固采集众家书而成者。《当染篇》即袭
《墨子·所染篇》，其明例已。特此篇有墨子二字，为易知耳，
而余则不尔矣。今先秦遗书存者，苟为《吕览》所袭，犹一一可
以覆案。而《吕览》岂必注明某书，如后世考据家所为也。或者
当时以为众家书具在，览者比而观之自明，无烦代为说明也。是
杨朱书不过众家书之一，奚必自外于成例。且《吕览·尊师篇》
曰："说义不称师，命之曰叛。"则既于《不二篇》，尊称杨朱
曰阳生，亦可示不叛也已。然则此六篇者，果真杨朱书也。纵让
步而言之，为推衍杨朱之旨而成。今真杨朱书久佚，不能充分证
明。然真杨朱书亡，而犹有不亡者存，亦可视为"准杨朱书"
矣。故兹录六篇于后：

本　生

　　始生之者，天也。养成之者，人也。能养天之所生，而勿撄之，谓之天子。天子之动也，以全天为故者也。（此天子即明王）此官之所自立也。立官者以全生也（全生即全性）。今世之惑主，多官而反以害生，则失所为立之矣。譬之若修兵者以备寇也，今修兵而反以自攻，则亦失所为修之矣。夫水之性清，土者抇之，故不得清。人之性寿，物者抇之，故不得寿。（老子曰"死而不亡者寿"，盖谓全性也。）物也者，所以养性也（养性者役物），非所以性养也。（此性养，即管子书中之生养。）今世之人惑者多以性养物（性养者役于物），则不知轻重也。（生重物轻）不知轻重，则重者为轻，轻者为重矣。（生物倒置）若此，则每动无不败。以此为君，悖；以此为臣，乱；以此为子，狂。三者国有一焉，无幸必亡。（役于物者国破家亡）今有声于此，耳听之必慊，已听之，则使人聋，必弗听。有色于此，目视之必慊，已视之，则使人盲，必弗视。有味于此，口食之必慊，已食之，则使人瘖，必弗食。（老子曰"五色令人目盲，五音令人耳聋，五味令人口爽"，此盖衍其义。）是故，圣人之于声色滋味也，利于性则取之，害于性则舍之。此全性之道也。（全

性保真之道如此）世之贵富者，其于声色滋味也，多惑者（惑则
役于物矣），日夜求幸而得之，则遁焉。遁焉，性恶得不伤。
（恶、乌通用）万人操弓，共射其一招，招无不中。万物章章，
以害一生，生无不伤。（伤生之道）以便一生，生无不长。（长
生之道）故圣人之制万物也，以全其天也。（全天所以全生全性
也）天全则神和矣，目明矣，耳聪矣，鼻臭矣，口敏矣，三百六
十节皆通利矣。若此人者，不言而信，不谋而当，不虑而得，精
通乎天地，神覆乎宇宙。其于物无不受也，无不裹也，若天地
然。（全天者然后能役物）上为天子而不骄（明王不骄），下为
匹夫而不惛（让王不惛），此之谓全德之人。（惟全天之人，乃
为全德之人。）贵富而不知道，适足以为患，不如贫贱，贫贱之
致物也难，虽欲过之，奚由？（故得道之士，必安贫贱。）出则
以车，入则以辇，务以自佚，命之曰招蹶之机。（不得全天者
一）肥肉厚酒，务以自强，命之曰烂肠之食。（不得全天者二）
靡曼皓齿，郑卫之音，务以自乐，命之曰伐性之斧。（不得全天
者三。案枚乘《七发》有此文，略同。《七发》结论数及杨朱，
岂此本即杨朱书之原文与。）三患者，贵富之所致也。（富贵伤
生）故古之人有不肯贵富者矣，由重生故也。（不肯伤生，故宁
不富贵。）非夸以名也，为其实也（养生务实利，不务虚名），
则此论之不可不察也。（《吕览》书中如此句法甚多。）

重 己

倕，至巧也。人不爱倕之指，而爱己之指，有之利故也。人不爱昆山之玉，江汉之珠，而爱己之一苍璧小玑，有之利故也。今吾生之为我有，而利我亦大矣。（然则杨朱之为我主义，即利己主义也。）论其贵贱，爵为天子，不足以比焉。（西人亦言王冠不能愈头痛）论其轻重，富有天下，不可以易之。（此所以不以天下大利，易其胫一毛。）论其安危，一曙失之，终身不复得。（此杨朱所以哀哭于衢涂）此三者，有道者之所慎也。（《说苑》有《敬慎篇》，可证道家之慎。）有慎之而反害之者，不达乎性命之情也。（全性即全命，故杨朱反对墨子非命，然则此真杨朱书也。）不达乎情命之情，慎之何益？是师者之爱子也，不免乎枕之以糠。（浅喻一）是聋者之养婴儿也，方雷而窥之于堂。（浅喻二）有殊弗知慎者。（不知为我者，是聋盲也。）夫弗知慎者，是死生，存亡，可不可，未始有别也。（辨，别也）未始有别者，其所谓是，未尝是。其所谓非，未尝非。是其所谓非，非其所谓是，此之谓大惑。（是非颠倒）若此人者，天之所祸也。（不知为我者天祸之）以此治身，必死必殃。以此治国，必残必亡。（不能治身者不能治国）夫死殃残亡，非自至也，惑召之也。寿长至，常亦然。（祸福自召）故有道者不察所召（所召者寿也），而察其召之者。（召之者我也）则其至不可禁矣。（寿至不可禁）此论不可不熟。使乌获疾引牛尾，尾绝力勯而牛不可行，逆也。（逆其性也）使五尺竖子，引其棬而牛恣所以之，顺也。（顺其性也）世之人主贵人，无贤不肖，莫不欲长生久视，而日逆其生，欲之何益？（逆其生，即逆其性，故无益矣。）凡生之长也，顺之也。（顺其生，即顺其性。）使生不顺者，欲也。（欲为性累）故圣人必先适欲（此圣人即明王。适，当也，适欲则节欲而不纵欲矣）。室大则多阴，台高则多阳。多阴则蹶，多阳则痿。此阴阳不适之患也。（性命之情，通乎阴阳。）是故先王不处大室，不为高台，味不众珍，衣不焊热。（此先王即明王，明王之适欲如此。）焊热则理塞，理塞则气不达。味众珍则胃充，胃充则中大鞔，中大鞔而气不达。以此长生，可得乎？（不适欲则短命，乌得长生。）昔先圣王之为苑囿园池也（此先圣王亦即明王），足以观望劳形而已矣。（养性一）其为宫室台榭也，足以辟燥湿而已矣。（养性二）其为舆马衣裘也，足以逸身煖骸而已矣。（养性三）其为饮食酏醴也，足以适味充虚而已矣。（养性四）其为声色音乐也，足以安性自娱而已矣。（养性五）五者圣王之所以养性也，非好俭而恶费也，节乎性也。（节性即节欲也，然则惟节俭者乃能养性也。）

贵　生

　　圣人深虑天下，莫贵于生。（贵生之士所言）夫耳目鼻口，生之役也。（生之役，则生不当为所役。）耳虽欲声，目虽欲色，鼻虽欲芬香，口虽欲滋味，害于生则止。（制欲一）在四官者，不欲利于生者则弗为。（制欲二）由此观之，耳目鼻口不得擅行，必有所制。（以生制欲）譬之若官职，不得擅为，必有所制。（以君制官）此贵生之术也。（术在制欲）尧以天下让于子州支父，子州支父对曰："以我为天子，犹可也。虽然，我适有幽忧之病，方将治之，未暇在天下也。"天下，重物也。而不以害其生（不以天下大利，易其胫一毛），又况于它物乎？惟不以天下害其生者也，可以托天下。（故杨朱自比于明王）越人三世杀其君，王子搜患之，逃乎丹穴。越国无君，求王子搜而不得，从之丹穴。王子搜不肯出。越人薰之以艾，乘之以王舆。王子搜援绥登车，仰天而呼曰："君乎！独不可以舍我乎！"王子搜非恶为君也，恶为君之患也。若王子搜者，可谓不以国伤其生矣。（虽为君而能不以物累形）此固越人之所欲得而为君也。鲁君闻颜阖，得道之人也。使人以币先焉。颜阖守闾，鹿布之衣而自饭牛。鲁君之使者至，颜阖自对之，使者曰："此颜阖之家邪？"

颜阖曰："此阖之家也。"使者致币。颜阖对曰："恐听缪而遗使者罪，不若审之。"使者还反审之，复来求之，则不得已。若颜阖者，非恶富贵也，由重生恶之也。（轻物重生之士）世之人主，多以富贵骄得道之人，其不相知，岂不悲哉？（世主以性养物，而不知养性之道。）故曰："道之真，以持身。（真、身韵）其绪余，以为国家。（余、家韵）其土苴，以治天下。"（苴、下韵）由此观之，帝王之功，圣人之余事也，非所以完身养生之道也。（完身养生之士，有不愿富贵者矣。富贵而为帝王，则有不完身养生者矣。）今世俗之君子，危身弃生以徇物，彼且奚以此之也。（之，至也。）彼且奚以此为也。（弃生徇物，何苦为此。）凡圣人之动作也，必察其所以之，与其所以为（动作所至与所为），今有人于此，以隋侯之珠，弹千仞之雀，世必笑之。是何也？所用重，所要轻也。（不知轻重）夫生，岂特隋侯珠之重也哉？（天下莫重于生，以上自子州支父至此，俱见《庄子·让王篇》，然则凡贵生之士，皆让王之徒也。）子华子曰："全生为上，亏生次之，死次之，迫生为下。"（《庄子·让王篇》，子华子见韩昭僖侯，当即韩昭侯。梁惠王十三年，韩昭侯元年，杨朱见梁惠王，则得及子华子，然则此真杨朱书也。）故所谓尊生者，全生之谓。所谓全生者，六欲皆得其宜也。（六欲皆全）所谓亏生者，六欲分得其宜也。（分则六欲有不全者）亏生则于其尊者薄之矣。（亏则不全）其亏而甚者也，其尊弥薄。（亏愈多则愈不全）所谓死者，无有所以知，复其未生也。（以死为无知，与墨子异。故杨朱反对墨子右鬼，然则此真杨朱书也。）所谓迫生者，六欲莫得其宜也。皆获其所甚恶者，服是也（服谓屈服），辱是也。（辱谓僇辱）辱莫大于不义，故不义迫生也。（行不义亦为迫生，则纵欲者迫生也。）而迫生非独不义也，故曰迫生不若死。（西人亦言"宁可杀，不可辱"。）奚以知其然也，耳闻所恶，不若无闻。（所闻不堪，不若死。）目见所恶，不若无见。（所见不堪，不若死。）故雷则掩耳，电则掩目，此其比也。（以雷电为浅喻）凡六欲者，皆知其所甚恶而必不得免，不若无有所以知。无有所以知者，死之谓也。（六欲所不堪，不若死。）故迫生不若死。（宁可杀，不可辱。）嗜肉者，非腐鼠之谓也。嗜酒者，非败酒之谓也。尊生者，非迫生之谓也。（惟不畏死之民，乃能尊生。老子曰"民不畏死，奈何以死惧之"。可见道家重视民生极矣。）

情 欲

天生人而使有贪有欲（贪欲，天也）。欲有情，情有节。圣人修节以止欲，故不过行其情也。（不过行其情，所以全天也，故贵生之士，节欲而不纵欲。）故耳之欲五声，目之欲五色，口之欲五味，情也。此三者，贵贱、愚智、贤不肖欲之若一，虽神农黄帝，其与桀纣同。圣人之所以异者，得其情也。由贵生动，则得其情矣。不由贵生动，则失其情矣。（以生节制情欲）此二者，死生存亡之本也。（能节制情欲则生存，不能节制情欲则死亡。）俗主亏情，故每动为亡败。（亏情者亏生也）耳不可赡，目不可厌，口不可满；身尽府种，筋骨沉滞，血脉壅塞，九窍寥寥，曲失其宜；虽有彭祖，犹不能为也。（纵欲者疾病先祸之）其于物也，不可得之为欲，不可足之为求，大失生本。（生役于物）民人怨谤，又树大雠。意气易动，蹞然不固。矜势好智，胸中欺诈。（所行不义）德义之缓，邪利之急。身以困穷，虽后悔之，尚将奚及。（困及其身）巧佞之近，端直之远，国家之危，悔前之过，犹不可反。（危及其国）闻言而惊，不得所由，百病怒起，乱难时至。（至死不悟）以此君人，为身大忧，耳不乐声，目不乐色，口不甘味，与死无择。（是迫生也）古人得道者，生以寿长。声色滋味，能久乐之。（能节情欲故）奚故？论早定也。论早定，则知早啬。知早啬，则精不竭。（老子曰"治人事天，莫若啬"。啬者，节情欲之谓也。）秋早寒，则冬必暖矣。春多雨，则夏必旱矣。天地不能两，而况于人类乎？（人当法天地）人之与天地也同，万物之形虽异，其情一体也。（人法天地，则万物咸宁。）故古之治身与天下者，必法天地也。（治身治天下无二理）尊，酌者众，则速尽。万物之酌大贵之生者众矣，故大贵之生常速尽。（大富贵、大寿考，固不易全也。）非徒万物酌之也，又损其生，以资天下之人，而终不自知。功虽成乎外,而生亏乎内。(故贵生之士,不愿劳形于富贵。)耳不可以听,目不可以视,口不可以食,胸中大扰,妄言想见,临死之上,颠倒惊惧,不知所为。用心如此,岂不悲哉?(富贵者之当头棒喝)世人之事君者,皆以孙叔敖之遇荆庄王为幸。(此世俗之见)自有道论之,则不然,此荆国之幸。(有道之论,不与世俗同。)荆庄王好周游田猎,驰骋弋射,欢乐无遗,尽傅其境内之劳,与诸侯之忧于孙叔敖。(此富贵而不肯劳形)孙叔敖日夜不息,不得以便生为故。(极言孙叔敖之亏生。故庄生宁为曳尾涂中之龟,然则杨子云言"庄、杨荡而不法",此真杨朱书也。)故使庄王功迹著乎竹帛,传乎后世。

尽 数

天生阴阳寒暑燥湿,四时之化,万物之变,莫不为利,莫不为害。(利害循环,祸福倚伏。)圣人察阴阳之宜,辨万物之利,以便生。(便生之事,大有工夫在。)故精神安乎形,而年寿得长焉。(贵生之士,完形神而长寿命。)长也者,非短而续之也,毕其数也。(百年大齐之数)毕数之务,在乎去害。(害去则利自存)何谓去害,大甘、大酸、大苦、大辛、大咸,五者充形,则生害矣。(一害也)大喜、大怒、大忧、大恐、大哀，五者接神，则生害矣。（二害也）大寒、大热、大燥、大湿、大风、大霖、大雾，七者动精，则生害矣。（三害也）故凡养生，莫若知本。知本，则疾无由至矣。（知本在去害）精气之集也，必有入也。集于羽鸟，与为飞扬。集于走兽，与为流行。集于珠玉，与为精朗。集于树木，与为茂长。集于圣人，与为夐明。（圣人与羽鸟、走兽、珠玉、树木同体）精气之来也，因轻而扬之，因走而行之，因美而良之，因长而养之，因智而明之。（当因其自然）流水不腐，户枢不蠹，动也。形气亦然。（万物之形气同体）形不动则精不流，精不流则气郁。郁处头则为肿、为风，处耳则为挶、为聋，处目则为䁆、为盲，处鼻则为鼽、为室，处腹则为张、为疛，处足则为痿、为蹶。（气化不达之害，故中国医道尚气化，真知本也。）轻水所，多秃与瘿人。重水所，多尰与躄人。甘水所，多好与美人。辛水所，多疽与痤人。苦水所，多尪与伛人。（地理与人生之关系）凡食无强（强，勉也），厚味无以。（以，用也）烈味重酒是以（用烈味重酒也），谓之疾首。（首，始也。养生者当淡薄明志。）食能以时，身必无灾。（养生者不食非时之食）凡食之道，无饥无饱，是之谓五藏之葆。（葆、宝通用，俗亦言"以不饱为却病方"。）口必甘味，和精端容（和精，平神也。端容，正身也），将之以神气。（以精神御物质）百节虞欢，咸进受气。（欢虞则食有益）饮必小咽，端正无戾。（小咽则无留饮之疾）今世上卜筮祷祠，故疾病愈来。（老子曰"能无卜筮而知吉凶乎"。惟知疾病之来故也。）譬之若射者，射而不中，反修于招，何益于中。（疾病在此不在彼）夫以汤止沸，沸愈不止，去其火则止矣。（去火则知本矣）故巫医毒药，逐除治之，故古之人贱之也，为其末也。（归结知本）

先 己

汤问于伊尹曰："欲取天下，若何？"伊尹对曰："欲取天下，天下不可取。可取，身将先取。"（言先取身，而后可取天下也。）凡事之本，必先治身。（治身即为我，亦即贵己，故孟子曰"杨子取为我"。《吕览》曰"阳生贵己"。）啬其大宝（啬之者，节之也；大宝者，情欲也），用其新，弃其陈。（有所用则有所弃）腠理遂通，精气日新。（腠理通于外，而精气通于内。）邪气尽去，及其天年。（邪去则正留，故得毕天年之数。）此之谓真人。（修之于身，其德乃真，故谓之真人。）昔者先圣王成其身而天下成，治其身而天下治。（成己而后成人，儒家亦言之。）故善响者不于响，于声。善影者不于影，于形。为天下者不于天下，于身。（老子曰"贵以身为天下，若可寄天下，爱以身为天下，若可托天下"。）《诗》曰："淑人君子，其仪不忒。其仪不忒，正是四国。"言正诸身也。（仪不忒，即正诸身也。故杨朱皮弁、鹬冠、搢笏、绅修，然则此真杨朱书也。）故反其道而身善矣。（反诸身也）行义则人善矣。乐备君道而百官已治矣，万民已利矣。三者之成也（人善、官治、民利三者），在于无为。无为之道曰胜天。（人定胜天，犹言同天也。）义曰利身（申上言行义），君曰勿身。（勿身，即勿躬也，《吕览》有《勿躬篇》，勿身任事而侵官，故能无为也。）勿身督听（督听者，治官也，勿躬任事而督听官事也），利身平静。（人君平静而后能听治）胜天顺性，顺性则聪明寿长（申上言胜天），平静则业进乐乡。（申上言平静）督听则奸塞不遑。（申上言督听）故上失其道，则边侵于敌。（上边对举）内失其行，名声堕于外。（内外对举）是故百仞之松，本伤于下而末槁于上。（养生者当知本）商周之国，谋失于胸令困于彼。（不治身故）故心得而听得，听得而事得，事得而功名得。（能治身故）五帝先道而后德，故德莫盛焉。三王先教而后杀，故事莫功焉。五伯先事而后兵，故兵莫强焉。（故杨朱见梁王，言治天下如运诸掌然，通王霸之术也，然则此真杨朱书也。）当今之世，巧谋并行，诈术递用，攻战不休，亡国辱主愈众，所事者末也。（故杨朱为我贵己，所事者本也。）夏后伯启与有扈，战于甘泽而不胜，六卿请复之。夏后伯启曰："不可，吾地不浅，吾民不寡，战而不胜，是吾德薄而教不善也。"于是乎处不重席，食不贰味，琴瑟不张，钟鼓不修，子女不饬，亲亲长长，尊贤使能，期年而有扈氏服。故欲胜人者必先自胜，欲论人者必先自论，欲知人者必先自知。（故杨朱为我通于政理）《诗》曰："执辔如组。"孔子曰："审此言也，可以为天下。"子贡曰："何其躁也。"孔子曰："非谓其躁也。谓其为之于此而成文于彼也。圣人组修其身，而成文于天下矣。"（故老子曰，"去彼取此"。）故子华子曰："丘陵成而穴者安矣，大水深渊成而鱼鳖安矣，松柏成而涂之人已荫矣。"孔子见鲁哀公。哀公曰："有语寡人曰：'为国家者，为之堂上而已矣。'寡人以为迂言也。"孔子曰："此非迂言也。丘闻之：'得之于身者得之人，失之于身者失之人。'不出于门户而天下治者，其惟知反于己身者乎。"（归结治身）

第二节 两汉人所见之杨朱书

自司马迁《史记·孟子荀卿传》，但附墨翟而未一言及于杨朱。于是班固《汉书·古今人表》亦阙焉不载。（梁玉绳《人表考》以离朱为即杨朱之误，未塙。）而《艺文志》不著录杨朱书，不待言矣。然有《艺文志》及《七略》《别录》皆不可考，而两汉人传书有之者，如《连山》、《归藏》（桓谭《新论》）、《本草》（《汉书·楼护传》）、《甘氏经》、《石氏经》、《夏氏日月传》（《天文志》）等，皆其例也。则不得因

《艺文志》及《七略》《别录》不可考，而遂谓无其书也。余观两汉魏晋人书中，每有道及杨朱事，玩其意趣，则杨朱确有遗书可征。兹先即两汉人所言者而述之。

一、刘安

《淮南子·俶真篇》是故自其异者视之，肝胆胡越。自其同者视之，万物一圈也。百家异说，各有所出。若夫墨、杨、申、商之于治道，犹盖之一橑而轮之一辐。（从王念孙校）有之，可以备数；无之，未有害于用也。已自以为独擅之，不通之于天地之情也。

（高诱注）杨，杨朱。其术全性保真，虽拔骭一毛而利天下弗为也。

《氾论篇》夫弦歌鼓舞以为乐，盘旋揖让以修礼，厚葬久丧以送死，孔子之所立也；而墨子非之。兼爱尚贤，右鬼非命，墨子之所立也；而杨子非之。全性保真，不以物累形，杨子之所立也；而孟子非之。趋舍人异，各有晓心，故是非有处。

（高诱注）全性保真，谓不（此不字当衍）拔骭毛以利天下弗为，不以物累己身形也。孟子受业于子思之门，成唐、虞三代之德，叙《诗》《书》孔子之意，塞杨、墨淫词，故非之也。

《说林篇》 杨子见逵路而哭之，为其可以南，可以北。（《太平御览》引作"杨朱见歧路而哭之"）墨子见练丝而泣之，为其可以黄，可以黑。

（高诱注） 道九达曰逵，闵其别也。练，白也。闵其化也。

此淮南王安列举墨、杨、申、商四家，墨也，申也，商也，《汉书·艺文志》皆有单行之遗书，则杨亦断不当无遗书可知也。况曰兼爱，曰尚贤，曰右鬼，曰非命，大抵墨子书中之篇名；则曰全性，曰保真，安知亦非即杨朱书中之篇名耶？而"全性保真，不以物累形"二语，深得杨朱学说之要领，自非真见杨朱书者不能道也。即墨子泣练丝，为其可以黄，可以黑，略同《墨子·所染篇》之文。则"杨朱见逵路而哭之，为其可以南，可以北"，自亦必有本诸杨朱书之原文矣。此皆以淮南所见者而证之，杨朱自当与墨、申、商三子同有单行之遗书，无可疑义。而今本伪《列子》中之《杨朱篇》，并非单行之遗书，且哭逵路之事亦不合，均可明其出于作伪矣。

二、桓宽

《盐铁论·地广篇》 杨子曰：为仁不富，为富不仁。

此桓氏所引，虽误以阳虎为杨朱，然必曾见杨朱书而致成此误也。

三、刘向

《说苑·政理篇》杨朱见梁王，言治天下如运诸掌然。

《权谋篇》杨子曰：事之可以之贫，可以之富者，其伤行者也；事之可以之生，可以之死者，其伤勇者也。

此二篇所引，当出杨朱书中。盖《说苑》一书，本杂采群书而成也。或《汉书·艺文志》不明著杨朱书，而刘向《七略》《别录》中有之，惜今亦不可考耳。

四、杨雄

《杨子法言·五百篇》庄、杨荡而不法，晏、墨俭而废礼，申、韩险而无化，邹衍迂而不信。

《吾子篇》古者杨、墨塞路，孟子辞而辟之，廓如也。（此儒家法螺，直门户之见耳。）

此举庄、晏、墨、申、韩、邹六家，《汉书·艺文志》皆有单行之遗书，亦杨朱不当无遗书之证也。况《法言》综核群书，论至精该，自必并见庄周、杨朱两家之书，而下断语曰"荡而不法"也。若东晋王坦之作《废庄论》云："杨雄亦曰庄周放荡而不法。"又引何晏云："鬻、庄躯放玄虚而不周乎时变。"则窜改《法言》原文，且引何晏之言，必其时已不见杨朱书而云然矣。可证今本伪《列子》中之《杨朱篇》，在东晋犹不甚行也。

五、赵岐

《孟子题辞解》战国纵横，用兵争强，以相侵夺，当世取士，务先权谋，以为上贤。先王大道陆迟隳废，异端并起。若杨朱、墨翟放荡之言，以干时惑众者非一。

此赵氏所言杨朱放荡之言，与杨子《法言》所云正合。必亦尝见真杨朱书者。且赵氏又曰："杨朱之道，为己爱身，虽违礼，尚得不敢毁伤之义。"似尤非不见杨朱书所能作此语也。

六、王逸

《楚辞章句叙》周室衰微，战国并争，道德陵迟，谲诈萌生。于是杨、墨、邹、孟、孙、韩之徒，各以所知，著造传记，或以述古，或以明世。

此亦胪举六家：杨，杨朱也；墨，墨翟也；孟，孟轲也；

孙，孙卿也（即荀卿）；韩，韩非也。明言各以所知，著造传记，尤可为杨朱当有单行遗书之凿证。然则两汉人所见，明白如此。岂今存伪《列子》之附入《杨朱篇》所可假托以欺人者哉？

第三节　魏晋人所见之杨朱书

试更摘举魏晋人之所见如次。

一、徐幹

《中论·考伪篇》昔杨朱、墨翟、申不害、韩非、田骈、公孙龙，汩乱乎先王之道，诪张乎战国之世，然非人伦之大患也。何者，术异圣人者易辨，而从之不多也。

此徐氏胪举墨翟、申不害、韩非、田骈、公孙龙，《汉书·艺文志》同有单行之遗书，亦杨朱不当无遗书之证也。《中论》一书，夙号精该，自亦必亲见诸家书而著论。然则杨朱单行之遗书，当汉末三国初，犹存也。

二、曹植

《玄畅赋序》孔、老异旨，杨、墨殊义。

此曹子建当亦见真杨朱书。《玄畅赋》云"取全真而保素"，参用《孟子》《淮南》两书可证。然则西汉初世所见之杨朱书，至三国初而犹未变其真也。惟至东晋支遁《大小品对比要钞序》云"触理则玄畅"，虽亦谈玄畅，而止言儒、墨，不言杨、墨，则已不见杨朱书矣。此亦今本伪《列子》之《杨朱篇》，东晋犹未盛行之证也。

三、刘巴

《答先主书》昔游荆北，时涉师门，记问之学，不足纪名。内无杨朱守静之术，外无墨翟务时之风。（《蜀志》本传注）

此刘氏当亦见真杨朱书，故知杨朱守静。守静二字，正切合全生贵己之旨也。盖明云荆北，必真杨朱书，中州有之。故徐、曹皆及见之，而刘亦见之。惟不传于南土，是以吴中博览之士，若韦昭、陆机之徒，皆不谈杨、墨，即其验已。

四、王沉

《与傅玄书》省足下所著书……存重儒教，足以塞杨、墨之流遁，齐孙、孟于往代。（《晋书·傅玄传》）

此王氏所举《傅玄书》，今存《傅子》，仅有辑本。（一为严可均《全上古三代文》辑本，一为叶德辉《观古堂丛书》辑本。）检辑本，止有斥及墨子语而已。不见斥及杨朱之语，盖散佚多矣。然王沉、傅玄皆在西晋之代，当犹及见真杨朱书者。

五、张湛

《伪列子注序》先君所录书中有《列子》八篇，及至江南，仅有存者。《列子》唯余《杨朱》《说符》《目录》三卷。

《伪刘向叙录》至于《力命篇》，一推分命。《杨朱》之篇，唯贵放逸。二义乖背，不似一家之书。然各有所明，亦有可观者。

此张湛即伪造《列子》书之完成其工作者。试更录其序之全文如下：

　　湛闻之先父曰：吾先君（湛之祖）与刘正舆、傅颖根（傅玄子咸，咸子敷，字颖根）皆王氏之甥也，并少游外家。舅始周，始周从兄正宗（王粲从孙宏，字正宗，见《晋书·良吏传》）、辅嗣（即王弼），皆好集文籍，先并得仲宣（即王粲）家书，几将万卷。傅氏亦世为学门。三君（湛之祖及刘正舆、傅颖根）总角竞录奇书。及长，遭永嘉之乱，与颖根同避难南行。车重，各称力并有所载，而寇虏弥盛，前途尚远。张谓傅曰："今将不能尽全所载，且共料简世所希有者，各各保录，令无遗弃。"（张即湛之祖，傅即颖根，此张与颖根相商之语也。）颖根于是唯赍其祖玄、父咸子集。（玄著《傅子》百二十卷，集五十卷；咸著《贞有集》三十卷。）先君所录书中有《列子》八篇。及至江南，仅有存者，《列子》唯余《杨朱》《说符》《目录》三卷。比乱（比，及也，及永嘉之乱），正舆为扬州刺史，先来过江，复在其家得四卷，寻从辅嗣女婿赵季子家得六卷。参校有无，始得全备。

　　此湛自述其得《列子》书之由来，则不关傅氏，全出王、张、刘、赵四家之所凑合，而以王氏为祖始矣。窃谓汉晋之际，自淮南以下，至徐幹、曹植、傅玄、王沉所见皆真杨朱书。独至王弼、何晏以虚浮相煽（此范宁语），何晏《论语集解》已伪撰孔安国注。故宁称鬻、庄（鬻子、庄子）而不称庄、杨。（庄周、杨朱）王弼《老子》一章注云"徼，归终也"，与伪《列子·天瑞篇》晏子曰"死者德之徼也"，所用（玄争名而出于伪造也）自伪本出而真本遂亡。杨朱书当亦如是甚矣。王氏之世有作伪也，真斯文败类之所萃哉？然《穆天子传》出汲冢，在晋太康二年，非王弼所及见也。而伪《列子》书中有《周穆王篇》，以此推之，吾故曰张湛者，乃伪造《列子》之完成其工作者也。故今存《列子》一书之作伪者，必创始于王弼，而未敢公然宣露也，迨张湛得之而始完成。于是真杨朱书原本单行流传者，从此亡绝，而止以伪本并入伪《列子》书中矣。然则真杨朱书与伪《杨朱篇》之变迁，今犹班班可考若是也。至如今存伪《列子》刘向《叙录》一篇，亦出张湛伪造，世有定论，兹不赘述。

第四节　　其他称述杨朱之摘记

复有自来文人引用杨朱故事，自汉讫隋，余既检得，聊复存之，亦于参考不无小补也。

枚乘（西汉）

《七发》将为太子奏方术之士，有资略者，若庄周、魏

牟、杨朱、墨翟、便蜎，詹何之伦，使之论天下之精微，理
万物之是非。孔、老览观，孟子持筹而算之，万不失一。此
亦天下要言妙道也。（《文选》）

杨雄（西汉）

《羽猎赋》群公、常伯、阳朱、墨翟之徒，喟然并称
曰，崇哉乎德。（《汉书》本传）

此枚、杨二家皆泛以杨朱拟人，而非真杨朱也。然亦可见其
普及于人人心中矣。故孟子曰"言盈天下"，岂不信哉？

冯衍（东汉）

《显志赋》杨朱号乎衢路兮，墨子泣乎白丝。知渐染之
易性兮，怨造作之弗思。（《后汉书》本传）

王充（东汉）

《论衡·率性篇》是故杨子哭岐道，墨子哭练丝也，盖
伤离本不可复变也。

《艺增篇》墨子哭于练丝，杨子哭于岐道，盖伤失本，

悲离其实也。（岐歧异文，今刻本如是。）

《对作篇》杨、墨之道不乱传义，则孟子之传不造。

应劭（东汉）

《风俗通·皇霸篇》然而玄谈者人异，缀文者家殊，斯乃杨朱哭于岐路，墨翟悲于丝素者也。

《十反篇》墨翟摩顶以放踵，杨朱一毛而不为。

《穷通篇》孟子……作书中外十一篇，以为圣王不作，诸侯恣行，处士横议，杨朱、墨翟之言盈于天下，天下之言不归杨则归墨。杨氏为我，是无君也。墨氏兼爱，是无父也。无父无君，是禽兽也。杨、墨之道不息，孔子之道不著。是邪说诬民，充塞仁义也；仁义充塞，则率兽食人，人将相食也。我为此惧，闲先王之道，距杨、墨，放淫辞，正人心，熄邪说，以承三圣。

以上皆泛引旧文，然哭岐路一事，属杨朱而不属墨子，可注意也。

牟融（东汉）

《理惑论》杨、墨塞群儒之路，车不得走，人不得步，

孟子辟之，乃知所从。（案此亦门户之言）

荀悦（东汉）

《申鉴·杂言上篇》杨朱哭岐路，所通逼者然也。夫岐路恶足悲哉！中反焉。

葛洪（东晋）

《抱朴子·嘉遁篇》杨朱吝其一毛……轻四海爱胫毛之士。

《博喻篇》杨朱同一毛于连城。

《任命篇》多失骭毛。

《应嘲篇》甚爱骭毛而缀用兵战守之言。

自汉以来，多言骭毛，盖其时人多露胫也。

王坦之（东晋）

《废庄论》磨顶之甘，落毛之爱。（《晋书》本传）

杨方（东晋）

《**为虞领军荐张道顺文**》慕西道之阳生，希北巷之
颜回。

此西道，当用《庄子·寓言篇》，阳子居南之沛，老聃西游
于秦故事。

卢谌（东晋）

《**与司空刘琨书**》盖本同末异，杨朱兴衰，始素终玄，
墨翟垂涕。

周朗（宋）

《**报羊希书**》但理实诡固，物好交加。或征势而笑其
言，或观谋而害其意。夫杨朱以此，犹见嗤于梁人，况才
减杨子之器，物甚魏君之意者哉？（《宋书》本传元嘉二十
七年）

孔稚珪（齐）

《**北山移文**》岂期终始参差，苍黄翻覆。泪墨子之悲，
恸朱公之哭。

萧统（梁）

《锦带书十二月启》穷途异县，岐路他乡，非无阮籍之悲，诚有杨朱之泣。

徐勉（梁）

《答客喻》故秀而不实，尼父为之叹息；析彼岐路，杨子所以留连。（《梁书》本传）

陆倕（梁）

《答释法云书难范缜神灭论》昔者异学争途，孟子抗周公之法……于是杨、墨之党，舌举口张。……

丘迟（梁）

《还林赋》验难停于杨辙，昭易改于墨丝。

柳恽（梁）

《答释法云书难范缜神灭论》殷人示民有知，孔子祭则神在。或理传妙觉，或义阐生知，而杨、墨纷论，徒然穿凿。

此柳氏意以杨与墨反对，疑已根据伪《列子》而为言。盖墨主有知，则神不灭也。然则范缜《神灭论》即受伪《列子》之暗示耶？（梁释僧祐《弘明集后序》，已引伪《列子》周穆王时，西极化人来游之事，可为伪书流行之证。）

尹义尚（北齐）

《与徐仆射书》昔杨朱岐路，悲始末之长离；苏武河梁，叹平生之永别。

释彦琮（隋）

《通极论》服玩则数重不止，悭贪则一毛难落。

颜之推（隋）

《颜氏家训·省事篇》墨翟之徒，世谓热腹；杨朱之侣，世谓冷肠。肠不可冷，腹不可热，当以仁义为节文尔。

此颜氏所云热腹冷肠，语颇滑稽。然亦可见杨、墨之通俗化，至此极矣。

中篇　明取

第一章 杨朱之时世

第一节 杨朱与墨家之关系

孔子曰："六艺于治，一也。"（《史记·滑稽传》）《淮南子·氾论篇》曰："百家殊业，而皆务于治。"是故周季之六艺百家，皆言治之书也。即今之所谓政论，或政治论也，但未至成为如今之科学，有所谓政治科之专书者。故总包万有，不论宗教、哲学、文学、科学，皆在其内，遂成庞然大物耳。

世界各国之政治史，莫不先有政治之事实，而后有政治之理论，即必先有历史而后有科学也。故周季之政论，有其由来，一曰远因，二曰近因。

《礼记·礼运篇》孔子曰："大道之行也，与三代之英，丘未之逮也，而有志焉。大道之行也，天下为公，选贤与能，讲信修睦。故人不独亲其亲，不独子其子。使老有所终，壮有所用，幼有所长，矜寡孤独废疾者皆有所养。男有分，女有归。货恶其弃于地也，不必藏于己。力恶其不出于身也，不必为己。是故谋闭而不兴，盗窃乱贼而不作，故外户而不闭。是谓大同。今大道既隐，天下为家，各亲其亲，各子其子，货力为己，大人世及以为礼。城郭沟池以为固，礼义以为纪，以正君臣，以笃父子，以睦兄弟，以和夫妇，以设制度，以立田里，以贤勇知，以功为己，故谋用是作而兵由此起。禹、汤、文、武、成王、周公，由此其选也。此六君子者，未有不谨于礼者也。以著其义，以考其信。著有过，刑仁讲让，示民有常。如有不由此者，在执者去，众以为殃。是为小康。"

此远因也。大同者，传贤制也。小康者，传子制也。然此不过政体之区别，而政治之事实，又混淆不能分也。不独儒家孔子为然，虽百家亦然也。

《说苑·政理篇》伯禽与太公俱受封而各之国。三年，太公来朝，周公问曰："何治之疾也？"对曰："尊贤，先疏后亲，先义后仁也。此霸者之迹也。"周公曰："太公之泽及五世。"五年，伯禽来朝，周公问曰："何治之难？"对曰："亲亲者，先内后外，先仁后义也。此王者之迹也。"周公曰："鲁之泽及十世。"故鲁有王迹者，仁厚也。齐有霸迹者，武政也。

此近因也。春秋之世，齐首霸而宋、晋、秦、楚、吴、越继之，此所以王政微而霸政昌也。于是六艺为王政之遗蜕，而百家由霸政以流衍。然王政亲亲而六艺与传子制结合。霸政尊贤而百家与传贤制接近。此又其异也。

吾家亭林曰："如春秋时，犹尊礼重信，而七国则绝不言礼与信矣。春秋时，犹宗周王，而七国则绝不言王矣。春秋时，犹严祭祀，重聘享，而七国则无其事矣。春秋时，犹论宗姓氏族，而七国则无一言及之矣。春秋时，犹有赴告策书，而七国则无有矣。邦无定交，士无定主，不待始皇之并天下，而文武之道尽矣。"（《日知录》十三）

此所谓文武之道者，王政而已矣。夷考其实，则周人宗法之色彩浓烈，大封同姓于天下，而亦间之以异姓，无非伯叔甥舅也。伯叔者，今之所谓父系制也；甥舅者，今之所谓母系制而实即舅系制也。以此为骨干，而经纬之以诗、书、礼、乐，则儒家六艺所以从周也。然经春秋二百四十年之战乱，而破毁尽矣，于是百家竞起。孟子曰："圣王不作，诸侯放恣，处士横议"，此儒家孟子固诵法六艺而仇视百家者也。

然则百家皆霸政而尽属武人派欤？则又不尽然也。孔、墨、杨三子皆鲁产也。鲁固王政之宗国也，其皆非武人派，不待言也。然其各不同，又何也。则儒家主张修身、齐家、治国、平天下，而杨、墨二子盖中缺一齐家之条件者也，此其一也。孔、墨、杨三子皆反对武人霸政各不同，而杨、墨又各不同，此其二也。兹试为分析杨、墨之同异如次：

$$
一 \begin{cases} 墨 \quad —— \quad 不得为子之事 \\ 杨 \quad —— \quad 一妻一妾不治 \end{cases} \Big\} 个人接近社会同
$$

$$
二 \begin{cases} 墨 \quad —— \quad 非攻，善守御 \\ 杨 \quad —— \quad 不入危城，不处军旅 \end{cases} \Big\} 反对武人有差别
$$

大抵孔子生于春秋之世，文武之道，未坠于地，故主张修身、齐家、治国、平天下。虽远瞻大同，而不自觉其偏倾于小康也。墨子生春秋末、战国初，时势又异矣。故主张"圣人不得为子之事"。（《墨子·大取篇》）杨朱更在墨子之后，故有妻妾而且不治矣。然则孟子更在杨朱之后而愿学孔子，案之时局，岂非王政之弩末哉？

是故政论与时世有密切之关系，孔、墨、杨三子之不同，亦

时世为之也。孟子曰："杨朱、墨翟之言盈天下。"韩子曰："杨朱、墨翟，天下之所察也。"则知杨、墨二子大受一代之欢迎，其事实当为杨、墨二子个人接近于国家社会之主义大流行。良以此主义能应时世之需要，而发挥人人心底之本真，对于乱离不堪之生活，而与以相当之安慰者也。何则，乱离之世，迫于战祸弥漫，民无宁日，往往不遑顾恤其家。更有其他关系，则家之组织，女位其中心，而女不必尽贤。生子贤愚又不可必，往往贤者少而不肖者多。孔子已叹"女子小人为难养"，且孔氏有三世出妻之骇闻。岂孔氏以多出妻，而仅得保其一线宗祀之延欤？杨、墨二子或目击其事，故墨子则倡"不得为子之事"，而杨朱亦有妻妾不治，正未可知。然于此不能不谓儒家近于传子制，而杨、墨倾向于传贤矣。

更以进化言之，则凡一民族之发达，其政治必先由贵族专权而后及于平民参政，此一例也。其智识必先由一二圣哲而后及于多数贤才，此二例也。其心理必先见他人而后见及自己，此三例也。自春秋贵族政体之破裂，而后贤士竞进。初犹老、孔二子传道讲学，其后乃百家蜂起。然犹墨家之利他主义先出，而后杨朱之利己主义继之。此亦一有趣之事，堪值注目者也。

惟是墨家之利他主义，乃最高之利他主义，而非下等之利他主义也。何谓下等之利他主义，如殉夫、殉君，虽犬马亦有殉主之节义也。杨朱乃最高之利己主义，而非下等之利己主义也。何谓下等之利己主义，如草窃奸宄，虽禽兽亦多偷盗之行为也。

抑又论之，《荀子·富国篇》曰："凡攻人者非以为名，则案以为利也。不然，则忿之也。"若墨子之攻孔子，杨子之攻墨子，孟子之攻杨子，将为名耶？利耶？抑忿之也。然墨、孟二子书具在，墨子有《非儒篇》及其他诸篇。孟子非杨，亦散见诸篇中。皆对于所非者，有直接之攻击。今真杨朱书亡，惟《淮南子》曰："兼爱、尚贤、右鬼、非命，墨子之所立也，而杨子非之。"则杨朱非墨子，而对于所非者，所施直接之攻击，仅此可考而已。虽案今存《墨子》书，篇目甚多。而杨朱所攻者，当必不止此《兼爱》《尚贤》《右鬼》《非命》四篇目之事。然此四篇目，即墨家之四大主义也。兹为严格评论起见，先讨论杨朱何以攻此墨家四大主义，以见杨、墨两家之交涉，理由安在？

一，墨子之兼爱主义，乃墨子之所以为兼王也。（孔子为文王，见《论语·子罕篇》。墨子为兼王，见《墨子·亲士篇》。）而杨朱为我贵己，足以对破之而有余。换言之，即以让王对破墨子之兼王也。盖为我贵己者，即老子所云："贵以身为天下，若可寄天下；爱以身为天下，若可托天下。"而庄子因以作《在宥篇》及《让王篇》者也。

二，墨子之尚贤主义，而杨朱亦以"为我贵己"对破之而有余。杨朱固尝曰："行贤而去自贤之行，安往而不爱也。"正即老子所云："不尚贤，使民不争。"又云："圣人为而不恃，功成而不处，其不欲见贤。"杨朱为老子入室弟子，故其道术同也。

三，墨子之右鬼主义，则杨朱以"全性保真"对破之而有余。凡保养生命，终其天年者，则虽死而其鬼不为厉。故老子曰："以道莅天下，其鬼不神。"夫何右鬼之有哉？

四，墨子之非命主义，而杨朱亦以"全性保真"对破之而有余。全性者即全性命之情也。凡道家皆主张天下之人，莫不安其性命之情。故老子曰："夫物芸芸，各复归其根；归根曰静，是谓复命。"则杨朱恶得而不反对非命之说哉？

杨朱非墨子，对此四大主义，既有可求之理由，则杨、墨取舍不同，而引起是非之争。虽真杨朱书亡，要可窥见一斑矣。然此外尚有杨、墨对辨之问题，庄子称"骈于辩者累瓦结绳，窜句游心于坚白同异之间，而敝跬誉无用之言，杨、墨是已"，似杨、墨两家辩论之方式，总不出乎坚白同异。然吾观墨子著《辩经》四篇，原有为周季辩者公用之性质。盖自孔子已称"辩者有言，离坚白、若县寓"，是必《辩经》虽成于墨子之手，而其中实多采当世辩者公用之方式。则杨朱之辩察法，亦自不能越其范围也。故鲁胜《墨辩注叙》曰："墨子著书，作《辩经》，以立名本。惠施、公孙龙祖述其学，以正形名显于世。孟子非墨子，其辩正辞，则与墨同。荀卿、庄周等皆非毁名家，而不能易其论也。"由此言之，则继承墨学者固宗师《辩经》以自成一家，而反对墨家者亦转据《墨经》以反唇相稽也。然则杨、墨对诘，互相攻辩，谓杨朱正即据《墨经》而反唇相稽，亦无不可也。且检《墨经》，复确有与杨朱之全性主义吻合无间者，如次：

经上篇

（二五章）平，知无欲恶也。[说]平，惔然。

经下篇

（四四章）无欲恶之为益，损也，说在宜。[说]无，欲恶，伤生损寿，说以少连。

（四五章）损而不害，说在余。[说]损，饱者去余，适足不害。能害，饱。

（八一章）取，下以求上也，说在泽。[说]取，高下以善不善为度，不若山。泽处下善于处上，下所谓（通为）上也。

此皆与杨朱之为我主义，绝对同调者也。则杨、墨反唇相稽，此尤不可为杨朱所据之好资料哉？

且墨子书之《辩经》而外，尚有《大取》《小取》两篇。孟子曰"杨子取为我"，庄子亦言"杨、墨趣舍"（《天地篇》云"趣舍声色以柴其内"）。而《淮南子》则言趋舍（《氾论篇》云"趋舍人异"），案取、趣、趋三字，异文而同义。则杨朱取为我，又正对于墨家之《大取》，而为显然之表示也。何则，《小取》乃辩论之方式也，而《大取》乃主义之表示也，故谓杨朱之取为我，乃其《大取》也。然则此可证杨、墨二家主义，尽可不同，而辩论之手段，则杨亦无以复加于墨也。犹之墨者之徒，相与为辨，俱诵《墨经》而倍谲不同，终不能决也。故韩子曰："杨朱、墨翟，天下之所察也，干乱世而卒不决。"岂不信哉？

兹为欲明了杨、墨之关系，而更总括其同异，如次：

杨、墨之同

一，立德：仁义之德，见庄子。

二，察辨：坚白同异，见同上。

三，离跂：奔走救世，见同上。

四，盛服：皮弁，鹬冠，搢笏，绅修，见同上。

五，高行：皆以富贵为伤行，见杨朱语及墨子书。

杨、墨之异

$$
一\begin{cases} 墨，兼爱\ ===\ 最高之利他主义 \\ 杨，为我\ ===\ 最高之利己主义 \end{cases}
$$

$$
二\begin{cases} 墨，赴汤蹈刃，死不旋踵\ ===\ 以死救天下 \\ 杨，不以天下大利，易其胫一毛\ ===\ 以生救天下 \end{cases}
$$

吾操笔而述至此，不禁喟然叹曰：战国纷争，用兵无宁日，若杨、墨二子者，皆命世之救主，为解除或缓和此兵祸而生者也。墨家犹是诛而非攻，至于善守御以反对攻者之暴行。而杨朱则并攻诛而一律反对之，是以义不入危城，不处军旅，盖可见其用意所在矣。宜乎孟、韩二子大声叫绝杨朱、墨翟与天下之关系，以中分天下之优势，而享一代之大名，绵亘战国二百五十年，而未尝稍衰也。惟杨、墨二哲既直抚时世之背景而倡言立说，一至夫时移境迁，不得不稍稍下落。而千年以还，竟湮没不彰者，亦时世为之也。然一值其时，又将复活。当今之世，非其时乎？

第二节　杨朱与道家之关系

　　杨朱学于老聃。老聃者，道家之宗也。则不但杨朱与道家有甚深之关系，抑且杨家本即道家。观夫《吕览》所记老聃、关尹、子列子、阳生，皆与以特殊之敬称可证也。然杨朱之取为我，而主张全性保真，不以物累形者，诚道家之行也。惟至与墨家对辩是非，则又道家之所不许也。

　　吾人因道家而联想及于太公《六韬》曰："博文辩辞，高行论议，而非时俗，此奸人也。"（《群书治要》与今本异）则道家与法家同一禁人辩也。故《老子》八十一章曰"善者不辩，辩者不善"，《庄子·齐物论》篇曰"大道不称，大辩不言"，宜乎庄子对杨、墨是非之争，而大声斥言"钳杨、墨之口"也。

惜杨、墨争辩之时，老子盖已殁矣，不然，何以不见老子之训杨朱乎。

且老庄不讳兵事，老子曰："以正治国，以奇用兵。"《庄子·徐无鬼篇》曰："偃兵者，造兵之本也。"皆其不讳言用兵之证也。而杨氏则不入危城，不处军旅，此又所以与老庄异也。

至于庄子称杨、墨皆外立其德，稽诸襄二十四年《左氏传》曰："古有三不朽：太上立德，其次立言，其次立功。"是杨朱高行，属于太上立德，亦以其竞名而为庄子所不许也。庄子又称杨、墨"趣舍声色以柴其内，皮弁、鹬冠、搢笏、绅修以约其外"，兹解释之：

（1）**趣舍声色** 韩子《奸劫弑臣篇》曰："凡人之大体，取舍是者则相是也，取舍异者则相非也。"是杨、墨以取舍异而相非也。而声色者，语声须色也，名声物色也。坚白同异，所以表现其取舍皆由中出者也。故曰柴其内。

（2）**皮弁、鹬冠、搢笏、绅修** 韩子《显学篇》曰"盛容服而饰辩说"，则可想见杨、墨当年之丰采，不减于孔子盛容饰，繁登降之礼，趋详之节，以周流列国也。昔三代之王，皮弁素积，以鹿皮为之。鹬、鈇古字通。《说苑·修文篇》曰"知天道者冠鈇"，《说文》引《礼记》作"知天道者冠鹬"可证。盖杨朱、墨翟之冠，皆以皮弁为质，而饰以鹬羽者也。《说文》又云"能正三军者搢笏"，《晋书·舆服志》曰"古者贵贱皆执笏，有事则搢之于腰带"，此正即所谓邹鲁之士、搢绅先生。

（《庄子·天下篇》）故鲁国笃生孔、墨、杨三哲，即此冠服，可为确证矣。

然则微庄子攻杨、墨，而真杨朱几不可复见于后世。则其攻之也，不适以誉之乎？虽然，观于《吕览》称老聃、关尹、子列子、阳生，而不及庄子，大概以其非老聃直接传统之人，则庄子亦何足重哉？然杨子《法言》以"庄、杨荡而不法"并称，盖又以让王同论矣。

第三节　杨朱与儒家之关系

杨朱与儒家发生关系，一为子莫，二为孟子，三为荀子。

第一，子莫。孟子痛诋杨朱、墨翟而并诋及子莫曰："子莫执中，执中为近之；执中无权，犹执一也。所恶执一者，为其贼道也。"则是子莫盖执杨、墨两端而用其中，完全取调和主义者也。孟子犹诋其无权，则不以权而得中之执中为权，而必以极端排斥，至视同无父无君之禽兽，乃为权也。然则子莫采取调和主义，不能不谓为儒家对于杨、墨能尽友谊之一流，而非若孟子取仇视之态度者也。然子莫何人？自来无确解。

赵岐注云："子莫，鲁之贤人也。"惜语焉不详。近儒孙诒让谓牟、莫一声之转，当即魏公子牟。（详见《籀庼述林》）则与赵氏之说大异，余谓非也。《说苑·修文篇》，公孟子高见颛孙子莫曰："敢问君子之礼何如？"颛孙子莫曰："去尔外厉，与尔内色，胜而心自取之，去三者而可矣。"公孟不知，以告曾子。（此曾子当即曾参，与子夏同享大寿者也。）此公孟子高当即《孟子·万章篇》之公明高，赵岐注所谓曾子弟子者是也。明、孟通用字，《禹贡》孟猪，亦作明都可证。单名曰高，加子曰子高，亦古人称字之通例也。孟子不举其姓而单称其字曰子莫，盖以其为儒家之前辈而敬之也。然则此子莫即颛孙子莫，而与曾子为同辈行，必七十子之徒也。赵岐曰鲁之贤人，或即指此颛孙子莫，亦未可知。夫执两端而用其中者，本孔子所以美舜之大智者也。必子莫效之，故对于杨、墨两家各趋极端之学说，亦有所执两用中于其间也。第观其告公孟子高语，则可知有见于道心者深矣。而孟子并诋为贼道，岂理也哉？

第二，孟子。孟子斥杨、墨曰："杨氏为我，是无君也；墨氏兼爱，是无父也。无父无君，是禽兽也。"则孟子穷极丑诋，直屏斥之于人类以外，姑无论所诋之当否，第观其出词粗暴，已未免不类学人之态度矣。更返观杨朱为我，果是无君之禽兽否也。则此在老子言："贵以身为天下，若可寄天下；爱以身为天下，若可托天下。"《庄子·天下篇》则以在位者为神圣明王，不在位者为玄圣素王。《礼记·礼运篇》亦载孔子曰："大道之行，天下为公，选贤与能，讲信修睦。"夫固人人可得而为君也。人人可得而为君，则孰是无君者哉？孟子之出此暴论，殆未闻大道者也。曩尝疑孟子书中何以不一言及于老聃、庄周，而今固可推定其于学，犹有所未窥耳。

孟子又诋杨、墨曰："杨子取为我，拔一毛而利天下不为也。墨子兼爱，摩顶放踵利天下而为之。"此皆攻击已甚之词，必非其实也。何以言之？"墨子摩顶放踵利天下而为之"一语，既不见于今存《墨子》书中，则所诋杨朱"拔一毛而利天下不为"一语，亦岂必出于杨朱所自言者哉？（伪《列子》文，辨见下篇。）虽《吕览》高诱注引孟子作"阳子拔体一毛"。《淮南子》高诱注又皆作"拔骭一毛"，然皆文字异同，无关宏旨。惟证以《淮南子》言："全性保真，不以物累形，杨子之所立也。"则以今论理学Logic之方法而绳之，"不以物累形"一命题Prosition，换词而言之，即韩非所云"不以天下大利，易其胫一毛"也。且韩子《五蠹篇》云："今有不才之子，父母怒之弗为改，乡人谯之弗为动，师长教之弗为变。夫父母之爱，乡人之行，师长之智，三美加焉，而终不动其胫毛。"然则胫毛云者，固周季人之恒语也。此必当时杨朱之世评，诚有如韩非所云"不以天下大利，易其胫一毛"者，其措词已近酷薄。然孟子更甚其词曰"拔一毛而利天下弗为也"，则又非今论理学之换位法Conversion，且变其词性而全异其语趣乎？盖谓曰："不以天下大利易其胫一毛者"，以"天下大利"为句主Subject，以"不易其胫一毛"为说明Predicate，而孟子倒易之，以"拔一毛"为句主，以"不利天下"为说明，故曰换位也。夫杨朱见梁王曰

"成大功者不小苛"，则当时世评，偏与之计较一毛，已嫌恶
谲。而孟子更甚其词，则为恶谲之恶谲。故孟子弟子公都子曰
"外人皆称夫子好辨"，亦见公道之自在人心哉！凡好辨者往往
不自觉其失态，若孟子之辨言若是，千载而下，考信定论，诚不
能不谓之失态也。

且孟子所言，亦未尝不有与全性保真之旨合者。

《孟子·梁惠王下篇》昔者太王居邠，狄人侵之，事之
以皮币，不得免焉；事之以犬马，不得免焉；事之以珠玉，
不得免焉。乃属其耆老而告之曰："狄人之所欲者，吾土地
也。吾闻之也：'君子不以其所以养人者害人。'二三子何
患乎无君，我将去之。"去邠，逾梁山，邑于岐山之下居
焉。邠人曰："仁人也，不可失也。"从之者如归市。

《庄子·让王篇》太王亶父居邠。狄人攻之，事之以皮
帛而不受；事之以犬马而不受；事之以珠玉而不受；狄人之
所求者土地也。太王亶父曰："与人之兄居而杀其弟，与人
之父居而杀其子，吾不忍也。子皆勉居矣，为吾臣与为狄人
臣，奚以异。且吾闻之：'不以所用养害所养。'"因杖策
而去之。民相连而从之，遂成国于岐山之下。夫太王亶父可
谓能尊生矣。能尊生者，虽贵富不以养伤身，虽贫贱不以利
累形。今世之人，居高官尊爵者，皆重失之，见利轻亡其
身，岂不惑哉？

《吕览·审为篇》太王亶父居邠，狄人攻之，事以皮帛而不受；事以珠玉而不肯；狄人之所求者地也。太王亶父曰："与人之兄居而杀其弟，与人之父处而杀其子，吾不忍为也。皆勉处矣！为吾臣与狄人臣，奚以异？且吾闻之：'不以所以养害所养。'"杖策而去，民相连而从之，遂成国于岐山之下。太王亶父可谓能尊生矣。能尊生，虽贵富不以养伤身，虽贫贱不以利累形。今受其先人之爵禄，则必重失之，生之所自来者久矣，而轻失之，岂不惑哉？

此三书所记，同一之事也。孟子亦承认"不以其所以养者害人"，即不以所以养者害所养也，是固全性保真之所为也。岂孟子自言之，即为合于仁义。而杨朱主张之，即当斥为无君大罪之禽兽，且加以不拔一毛之恶谵乎？

惟孟子亦有平情之谈，如曰"逃墨必归杨，逃杨必归儒"，是也。赵岐注曰："墨翟之道，兼爱无亲疏之别，最为违礼。杨朱之道，为己爱身，尚得不敢毁伤之义。"此"不敢毁伤"语，出《孝经》曰"身体发肤，受之父母，不敢毁伤"，是也。赵氏固尝见真杨朱书者，然则杨朱岂真禽兽哉？

要之，孟子，邹人也。邹于春秋之世，为邾娄，鲁之附庸小国也。《庄子·天下篇》曰"其在于诗书礼乐者，邹鲁之士，搢绅先生，多能明之"，则邹鲁同化久矣。然鲁为大国，故笃生孔、墨、杨三哲，虽颛孙子莫亦当为鲁人也。鲁不失为大国之风，圣哲辈出，兼容并包。而孟子毕竟不免为小国之人，器宇小而议论悍不顾理。宜其所宗者止一孔子，而所攻者止一鲁国之杨朱、墨翟及子莫。比于《庄子·天下篇》所论者，有鲁人墨翟、赵人慎到、齐人田骈、楚人老聃、宋人宋钘，诚足副天下之名实者，广狭悬殊也。其持论亦庄子精密而孟子粗疏，大有径庭也。姑无论孟子出言无状，穷极丑诋，多不合于今论理学上之推理法。尤以其欲如周公膺夷狄，用武力解决之，则益为卑劣矣。岂孟子自诩能用权，而权固可以滥用者。自宋以下，尊孟子过甚，而中国之学术，亦益以荒落矣。

第三，荀子。自荀子书称杨朱哭于衢涂，遂成艺林佳话。盖杨朱见衢涂而哭，与墨子见染丝而悲，同一悲天悯人之圣哲。然可比于后世所谓哭智，而决非笑智者，亦甚明矣。顾世有谓杨朱唱快乐主义者，抑何谬也，是徒受伪《列子·杨朱篇》之愚耳。

夫荀子不但不攻击杨朱，而反称道之者，固不第以杨朱本主唱"非墨子"者也。《荀子·君道篇》曰："请问为国？"曰："闻修身，未闻为国也。"此则荀子之君道，与杨朱之明王，原无二致也。（第观《王霸篇》与《吕览·先己篇》合，已可明矣。）宜乎不以杨朱与墨子同视而攻之也。虽然，荀子此语，非一人之私言也。

　　《吕览·执一篇》楚王问为国于詹子。詹子对曰："何闻为身，不闻为国。"詹子岂以国可无为哉？以为"为国之本，在于为身"，身为而家为，家为而国为，国为而天下为。故曰以身为家，以家为国，以国为天下。此四者异位同本。

然则詹何固尝先荀子言之矣。为身即修身也。且孟子亦有类似之文焉。

《孟子·离娄上篇》人有恒言，皆曰"天下国家"。天下之本在国，国之本在家，家之本在身。

然则孟、荀盖皆有取于当世之恒言，以著书立说也。但孟子攻杨朱，荀子不攻杨朱。大抵孟子生于战国前期，其学识尚粗疏而多未周密。荀子生于战国末期，其观世远矣，故颇见取精用宏之造诣。然而荀子痛诋詹何，又不可不审也。

《荀子·非十二子篇》纵情性，安恣睢，禽兽行，不足以合文通治，然而其持之有故，其言之成理，足以欺惑愚众，是它嚣、魏牟也。

此它嚣当即詹何，古音詹、冉同部，而冉声有那。冇它一形之变，而声亦相转。故詹何可转为它嚣也。詹何、魏牟固确有纵情性之证者。

《庄子·让王篇》中山公子牟谓瞻子曰："身在江海之上，心居乎魏阙之下，奈何？"瞻子曰："重生，重生则利轻。"中山公子牟曰："虽知之，未能自胜也。"瞻子曰："不能自胜，则从（从读为纵），神无恶乎？（谓己之精神，应无嫌恶耶。）不能自胜而强不从者，此之谓重伤。重伤之人，无寿类矣。"魏牟，万乘之公子也。其隐岩穴也，难为于布衣之士，虽未至乎道，可谓有其意矣。

《吕览·审为篇》中山公子牟谓詹子曰："身在江海之上，心居乎魏阙之下，奈何？"詹子曰："重生，重生则轻利。"中山公子牟曰："虽知之，犹不能自胜也。"詹子曰："不能自胜则纵之，神无恶乎？不能自胜而强不纵者，此之谓重伤。重伤之人，无寿类矣。"

《淮南子·道应篇》中山公子牟谓詹子曰："身处江海之上，心在魏阙之下，为之奈何？"詹子曰："重生，重生则轻利。"中山公子牟曰："虽知之，犹不能自胜。"詹子曰："不能自胜，则从之。从之，神无怨乎？（怨当为恶之误）不能自胜而强弗从者，此之谓重伤。重伤之人，无寿类矣。"（伪《文子·上德篇》袭《淮南》，不足据。）

此中山公子牟即魏牟也。以上三书所记对照而益明也。瞻、詹通用字。《吕览·重言篇》曰："故圣人听于无声，视于无形，詹何、田子方、老耽是也。"则詹何者固一代之圣人也。世亦尝以与老聃并称者也。（老耽即老聃）第以"不能自胜则纵之"一语，遂为荀子所诋其纵情性，安恣睢，禽兽行。甚矣制行立说之不可不慎也。然而荀子不以诋老子，亦不以诋庄子，更不以诋杨朱。则老、庄、杨三子皆非其伦也。是故杨朱者决非纵情性，安恣睢而禽兽行，如今存伪《列子·杨朱篇》之所述者也。

况孟子尝诋杨朱为禽兽矣。假令杨朱果如伪《杨朱篇》之所述者，则孟子自将痛诋其纵恣情性之禽兽行，岂仅斥其为我无君之大罪而已哉？故第征之孟、荀书中，而已可决今存《杨朱篇》之伪，无疑义矣。

第四节　杨朱与杂家之关系

杨朱与法家，虽有韩非曾加讥评，而实无深切之关系，故可置弗论，而径论其与杂家之关系。杂家有二，其一为《吕览》之书，又一为《淮南》之书。

第一，《吕览》之书。吾前已言《吕览》一书，与杨朱有深切之关系矣。本出于吕不韦门客之手。吕不韦者，窃国之大盗也。以幸姬有孕，献秦王，是生吕政。后为秦始皇。吕窃嬴社，君子羞之。然其书绝不类其为人，则出于门客之手也。门客者，一时智能之士所萃也。传贤之说，战国甚嚣尘上。故其书倾向于传贤，而老聃、关尹、子列子、杨朱，明王大道之学统，遂为所假借。是以《吕览》十二纪之《孟春纪》，《本生》《贵己》二篇之后，即继以《贵公》《去私》二篇，则《吕览》全书之用意可知也。《士容论》曰："古之与贤，非恶其子孙也，反其实也。"不尤肺肝如见乎？《说苑·至公篇》载秦始皇欲禅贤，可证当时传贤说之流行矣。且《吕览》复为救时之善言，《荀子·性恶篇》曰："秦人之纵情性，安恣睢，慢于礼义。"第观宣太后之淫荡，始皇帝之暴庚，则秦俗可知矣。故《吕览》书中于节制情欲，修服礼义，不惮反复言之。宜其本名曰《吕氏春秋》哉？

至于《吕览》与杨朱书之关系，吾前已录其《本生》、《重己》、《贵生》、《情欲》、《尽数》、《先己》六篇，直视如"准杨朱书"矣。就中并注明可疑为真杨朱书者如次：

一，《本生篇》　命之曰招蹶之机，烂肠之药，伐性之斧，与枚乘《七发》有其文，而数及杨朱合。

二，《重己篇》　达乎性命之情，与杨朱反对墨子非命合。

三，《贵生篇》　不以天下害其生者，可以托天下，与杨朱之明王合。死者无有所以知，与杨朱反对墨子右鬼合，而子华子年事，亦与杨朱相接焉。

四，《情欲篇》　孙叔敖不得便生，与所谓庄周、杨朱荡而不法合。

五，《先己篇》　凡事之本，必先治身，与杨朱为我贵己合。淑人君子，其仪不忒，与杨朱皮弁、鹬冠、搢笏、绅修合。而论五帝、三王、五伯，亦与杨朱见梁王言治天下相通焉。

且《吕览》其他诸篇，亦多有可傅合者。然要皆不出推测之说，以真杨朱书既亡，终苦无可证明耳。

第二，《淮南》之书。亦出于淮南宾客之手。凡杂家皆兼儒、墨，合名、法，而一贯之以道家言，所以为统一之中枢也。然《吕览》表示其绍述老聃、关尹、子列子、杨朱之学统，而与以特殊之敬称。若《淮南》书则无有也。试取两书相较，则《吕览》之《孟春纪》，即托始于《本生篇》；而《淮南》全书乃托始于《原道篇》。是愈足明《吕览》与杨朱有关系，而《淮南》非其伦也。盖当时汉武帝表章六经，罢黜百家，而《淮南》书亦不能不受其影响也。然《淮南》生西汉初，去吕不韦门客之徒犹未远。宾客中自必有传杨朱之学者，故得见杨朱书。《氾论篇》曰："全性保真，不以物累形，杨子之所立也。"《说林篇》曰："杨子见逵路而哭之，为其可以南，可以北。"此一则揭举杨朱学说之要领，又一则采撷杨朱原书之成文也。（参照上篇第四章第二节）后世真杨朱书既亡，仅赖有此明文二则，可以窥见其当出自真杨朱书中。于是真杨朱可见，伪杨朱可辟。即攻杨朱如孟子，故出恶谑而过甚其词者，亦可以此正之。故杨朱信史之资料，当以《淮南》此文二则为第一。其价值之高，真不啻一字千金也。

第二章 杨朱之哲思

第一节 本来思想

战国一代名人之杨朱，前篇前章既费重重之讨论，不殊拨云雾而睹青天矣。而此真面目之杨朱，自尤以得知其思想何若，为至重要也。窃谓凡人之思想，原非一成而不变者。故杨朱之思想，亦可追迹其言行，而约分三期。

第一：本来思想

第二：教成思想

第三：中立思想

兹首举杨朱之本来思想，有明文可证者二事。其一为阳子居见老聃曰："有人于此，嚮疾强梁，物徹疏明，学道不勌，如是者可比明王乎？"是也。其二则为老子训杨朱曰："而睢睢盱盰，而谁与居？"是也。今试将原文细为解释之如次：

其一

（1）有人于此者，杨朱以自况也。

（2）嚮疾强梁者。向、嚮古今字，志向也。《释名》曰："疾，截也；有所越截也。"是疾即心行处也。嚮疾即志趣也。（志之所趣，即心行处。）比于《墨子》有《大取篇》，则即杨朱之大取也。梁、勍通用字，是杨朱谓己之志趣，坚强劲勍，能特立而不挠也。

（3）物彻疏明者。彻、辙古今字，通也。通晓于物曰物彻。（犹今谓通晓中国事者曰中国通。）比于墨子有《小取篇》，则即杨朱之小取也。是杨朱谓己之物观，疏决明达，能不为物累也。

（4）学道不勌者。勌、倦古今字。道者，大道也。大道之行，天下为公者是也。则杨朱又能力学得道，勇猛勤求，精进而不退转也。

（5）可比明王者。杨朱自言志趣，甚似惟心的思潮；自言物观，甚似唯物的思潮。是其心物一贯之色彩显然，足征其材质之至美，而思想本极健全矣。又加之以学道不倦，进德不已，未尝以一止境自划，则彼之所以敢比明王，岂偶然哉？

其二

（1）而睢睢盰盰者。而，戎，汝，若，皆一声之转。当今俗语之曰那，曰你。老子面斥杨朱而言也。《说文》云"睢，仰目也。盱，张目也"。或说之曰：睢，仰白目怒貌也。盱，举眉扬目也。是则睢睢盱盱者，正合杨朱自陈向疾强梁，物彻疏明之气质也。盖鲁者，今之山东也。考之古今历史，则山东为盗匪出没之渊薮，山东人之强梁，洵不愧山东侉子之雅号也。此又杨朱当与孔子同为鲁人之确证也。

（2）而谁与居者。此睢睢盱盱，乃予智自雄，可与奴虏居，而不可与贤圣辅弼之士相处。故老子切责之也。

以上二事，一经解释明白，则杨朱之本色，举凡性情气质，已无不跃跃纸上欲活。此真先秦文字，虽零金断璧，而已精赅若是。遂使杨朱之本来思想，毕露于人眉宇间矣。

第二节　教成思想

次举杨朱之教成思想，则杨朱奉教于老子以后之思想也。是亦仍上述之二事而可以证明者。

其一，即杨朱既以有人于此云云，问老子，方自以为可比明王。而老子答之曰："是于圣人也，胥易技系，劳形怵心者也。"明仅足以成为胥为技之圣人，方且比于招猎之虎豹，见执之猿狙，乌足以当明王哉？于是杨朱蹴然色惊，而不得不更问明王。此杨朱奉教于老子以后而思想急变之一证也。

其二，即杨朱南之沛，既遇老子，而老子仰天叹曰：“始以汝为可教，今不可也。”既而老子又教之曰：“而睢睢盱盱，而谁与居？大白若辱，盛德若不足。”杨朱于是失其常度，蹴然变容曰：“敬闻命矣。”故杨朱始至客舍时，舍中客争迎之，舍主人执席，主人之妻执巾栉，众客避席，而炀火者避灶炉。（此灶如今之火炉，《诗·小雅·白华篇》曰“卬烘于煁”，是也。）足见杨朱上国衣冠之人物，山东侉子之威风，一时无两矣。迨杨朱之去客舍而返也，人且与之争席矣。又足见杨朱进德之猛，立即改变其态度，宛然前后如出两人。此杨朱奉教于老子以后而思想急变之又一证也。

然则以后世语而形容之，是杨朱之未见老子也，有如金刚怒目；及其既见老子也，不异菩萨低眉。世之学者以变化气质为难事。而杨朱何如哉？变化不难立现于俄顷，自非有大过人之圣哲，曷克臻此。谓之老子之入室弟子，谁曰不宜？矧儒家称圣王从善如流，改过不吝，而杨朱有焉，亦足证其自比明王，非空作豪语矣。

第三节 中立思想

又次举杨朱之中立思想，于是有称引孔子语之必要。

　　《礼记·礼运篇》孔子曰：大道之行也，与三代之英，丘未之逮也，而有志焉。大道之行也，天下为公，选贤与能，讲信修睦。故人不独亲其亲，不独子其子。使老有所终，壮有所用，幼有所长，矜寡孤独废疾者皆有所养。男有分，女有归。货恶其弃于地也，不必藏于己。力恶其不出于身也，不必为己。是故谋闭而不兴，盗窃乱贼而不作，故外户而不闭。是谓大同。今大道既隐，天下为家，各亲其亲，各子其子，货力为己，大人世及以为礼。城郭沟池以为固，礼义以为纪，以正君臣，以笃父子，以睦兄弟，以和夫妇，以设制度，以立田里，以贤勇知，以功为己，故谋用是作而兵由此起。禹，汤，文，武，成王，周公，由此其选也。此六君子者，未有不谨于礼者也。以著其义，以考其信。著有过，刑仁讲让，示民有常。如有不由此者，在执者去，众以为殃。是为小康。

　　《中庸篇》子路问强。子曰：南方之强与？北方之强与? 抑而强与? 宽柔以教, 不报无道, 南方之强也, 君子居之。衽金革, 死而不厌, 北方之强也, 而强者居之。故君子和而不流, 强哉矫! 中立而不倚, 强哉矫! 国有道, 不变塞焉, 强哉矫! 国无道, 至死不变, 强哉矫!

此大道之行, 即南方思潮之老子所唱也。礼让仁义, 则北方思潮之孔子所习也。老子《道德经》曰:"大道废, 有仁义。"又曰:"礼者忠信之薄, 而乱之首。"(首、道通用)是其别之甚明也。故天下为公, 选贤与能(与、举通用)者,《吕览》曰"老聃贵公", 而《道德经》亦曰"天下乐推而不厌"也。老子又唱"不尚贤"者, 乃正其所以为贤也。惟北方之强, 难于凿指, 盖齐、晋之风也。若杨、墨二子虽生北方, 而甚倾向于南方思潮。故墨子唱尚贤、尚同, 且曰:"圣人不得为子之事。"杨朱明行贤而无自贤之教, 有一妻一妾而不治。盖皆实行所谓人不独亲其亲, 不独子其子也。杨朱又有三亩之园而不芸, 殆亦所谓货力不必为己也。大抵周季之南方思潮及北方思潮, 实以产地为大界。老子故楚人而寄居于沛, 南方思潮之首领也。孔、墨、杨三子既皆鲁人, 则北方思潮之多头人物也。然孔子亦尝奉于老子, 故其思想固自表中立, 而带有调和之性质者也。墨子亦称道老子, 而其徒有南方之墨者, 甚显著调和之色彩。惟孟子骂南方之许行, 而又骂鲁国之杨、墨, 殆极端不容许有调和之余地耳。

杨朱比于孔、墨, 又大有径庭。以其服膺老子之教, 已极端倾向于南方思潮也。或者不许其列入北方思潮之系统中，而当为南方思潮中之人物也。然杨朱毕竟鲁人，未改其山东侉子之本色。依然"向疾强梁"，故孟子诋其"不拔一毛以利天下"也。依然"物彻疏明"，故庄子诋其"窜句游心于坚白同异之辩"也。而其所服膺于老子之成绩，殆不过实践其自比明王之政见而已。然则杨朱虽以深染受南方思潮之关系，而毫未消失其为北方鲁人之气质也。比于孔子曰："中立而不倚，强哉矫！"何多让焉。则亦谓曰：杨朱之中立思想而已矣。

甚矣地方色彩之浓烈，岂所谓天哉？天不可见，以地方见之而已。容服习惯种种不同，故南方者，限于宋楚以南。庄子，宋人也。与杨朱同道，而犹攻之。要以杨朱北魄南魂，北人而行南人之思想，终不能尽同耳。

第四节 政治思想

今人有言曰"人类者，政治动物也"，岂不然哉？六艺百家同归于治，前既言之矣。孟子曰"杨朱、墨翟之言盈天下"，赵岐释之曰："战国纵横，用兵争强，以相侵略。当世取士，务先权谋以为上贤。先王大道，陵迟墮废，异端并起，若杨朱、墨翟放荡之言，以干时惑众者非一。"此赵氏不知大道而失辞。然杨、墨皆为政治思想之运动，则不诬矣。

> 阳子居问明王之治，老聃曰："明王之治，功盖天下而似不自己，化贷万物而民不恃，有莫举名，使物自喜，立乎不测，而游于无有者也。"

此即杨朱政治思想之所自出也。夫老聃之所教杨朱者，一言以蔽之，即忘我以为我，故曰："立乎不测，而游于无有者也。"忘我以为我者，即为我主义，必先以无我为前提而后可也。于是杨朱之告梁王，即活用此政治思想之原理矣。

> 《说苑·政理篇》杨朱见梁王，言："治天下如运诸掌然。"梁王曰："先生有一妻一妾不能治，三亩之园不能芸，言治天下如运诸乎掌，何以？"杨朱曰："诚有之，君不见夫羊乎？百羊而群，使五尺童子荷杖而随之，欲东而东，欲西而西。君且使尧牵一羊，舜荷杖而随之，则乱之始也。臣闻之：'夫吞舟之鱼不游渊，鸿鹄高飞不就污池，何则？其志极远也。黄钟大吕不可从繁奏之舞，何则？其音疏也。将治大者不治小，成大功者不小苟。'此之谓也。"

此梁王者，即梁惠王也。魏迁都大梁之后，更称梁也。《说苑·尊贤篇》，邹子说梁王。邹子即邹衍也。《奉使篇》，梁王赘其群臣而议其过。任座进谏。任座为魏文侯直臣,见《吕览·自知篇》,及惠王时,盖已老矣。《善说篇》,客谓梁王曰:"惠子之言事也善譬。"惠子即惠施也。又陈子说梁王,梁王说而疑之曰:"子何为去陈侯之国而教小国之孤于此乎?"陈、田古字通。陈子即田骈也。陈侯即《竹书纪年》之田侯午(即桓公),《庄子·则阳篇》之田侯牟,午、牟形近而误也。而《新序·杂事篇》有梁王,及梁惠王,其梁王与《贾子·连语篇》所载同,则所见之陶朱公,必范蠡之子孙,亦沿称陶朱公者也。大抵刘向《说苑》《新序》二书,皆杂札群书而成,亦即随所本之不同,而或称梁王,或称梁惠王,要皆一人而已。此杨朱见梁王事,必采自杨朱书,尤可宝也。(列子作伪者,或已不见真杨朱书,当自《说苑》转采入。)盖杨朱、环渊皆老子弟子,环渊得在齐宣王时,为稷下先生,则杨朱安得不见梁惠王哉?

虽然,梁惠王轻才小器,不足以容纳杨朱之政治思想也。宜其当面讥诮,举杨朱之不治妻妾田园,而以为反唇相稽也。不知明王之治天下,立于不测而游于无有者也。简言之,则必无我而后可也。若治妻妾田园,则有我矣。何则?为治妻妾之我,则有类持妻子保禄位之士;为治田园之我,则有类艺桑麻较锱铢之农。而我之为我,不亦小矣哉!岂复能以无我而治天下,若运诸掌然哉?此杨朱不治妻妾田园之解也。至于杨朱之答辞,尚当解释之如次:

(1)百羊而群,童子荷杖而随之者,喻人臣之奉职也。亦杨朱以喻己之不治妻妾田园也。若必治妻妾田园者，则天官冢宰所属之宫正、宫伯，地官司徒所属之乡老、遂师，奚为而设哉？

（2）尧牵一羊，舜荷杖而随之者，此喻人君侵官也。尧、舜皆明王也，不为侵官之事，而侵官则乱政之始也。

（3）吞舟之鱼，高飞之鹄者，亦以喻人君为其大而不为其小也。

（4）黄钟大吕，不从繁奏之舞者，亦以喻君德也。君德者可大成而不可小就者也。

（5）将治大者不治小，成大功者不小苟者，此杨朱一面申明己之不治妻妾田园，为小事也。而又一面则显出明王大道之政治原理也。老子曰："大白若辱，大方无隅，大器晚成，大音希声，大成若缺，大盈若冲，大直若屈，大巧若拙。"是以《吕览·贵公篇》曰："处大官者不欲小察，不欲小智。故曰：'大匠不斫，大庖不豆，大勇不斗，大兵不寇。'"夫大官者，君相也。相佐人主尚宜然，而况乎天下国家之君主哉？班固《汉书·艺文志》曰："道家历记成败存亡祸福，然后知秉要执本，清虚以自守，卑弱以自持。"宜乎《吕览》一书，独祖老聃、关尹、子列子而祧阳生。视儒、墨转在其次。故桓谭《新论》曰"秦政新莽皆以不识大体而亡"，诚有味其言之哉。然而梁惠王固与秦政、新莽相差无多也。梁之不用杨朱，与秦之不用《吕览》，亦无以异也。

附一言者，尧舜者，周季人之所宗以为明王者也，五帝大道之所由成也。杨朱亦既称尧述舜，则与儒、墨诸家所称者，固无不同也。是百家纷争，其政治思想之鹄的，大抵从同。而其所以互相攻击者，只在主义之不同耳。尝谓中国哲学之大病，在思想不如主义之发达。此亦其明例已。

第三章 杨朱之主义

第一节 全性（全生）主义

道一而已，从其种种方面而观之，则又所以主义之多也。生、性古字通用，全性即全生也。《吕览·本生篇》以全生、全性混言不分，即其证也。《淮南子》曰："全性保真，不以物累形，杨子之所立也。"然虽杨子之所立，而亦必非前无古人也。试言其有先乎杨朱而诏之者。

其一，《管子·立政篇》曰："全生之说胜，则廉耻不立。"《立政·九败解篇》曰："人君唯无好全生，则群臣皆全其生，而生又养。生养何也？曰：滋味也，声色也，然后为养生。然则从欲妄行，男女无别，反于禽兽。然则礼义廉耻不立，人君无以自守也。故曰全生之说胜，则廉耻不立。"此全生胜义，转而为劣义，故由养生一变而为生养。曰养生，曰生养，古人命名，一颠一倒，而语意全相反对，大可注目也。《吕览·本生篇》曰："物也者，所以养性，非所以性养也。今世之人惑者，多以性养物，则不知轻重也。"此曰养性，曰性养，亦即管子之曰养生，曰生养也。而杨朱之全性主义，自必属于养性，而必不属于性养也。

其二，杨朱问曰："有人于此，向疾强梁，物彻疏明，学道不倦，如是者可比明王乎？"而老聃答之曰："是胥役技系，劳形怵心者也。虎豹之文来田，猿狙之便，执斄之狗来藉。"则极言其不能全生也。故杨朱承老子之教，有一妻一妾而不治，有三亩之园而不芸，正其所以为全生也。且曰"吞舟之鱼不游渊，鸿鹄高飞不就污池"，则其全生之旨益远矣。故杨朱之全性主义，谓不自老子出，何可得乎？

更论杨子之所立者全性保真，不以物累形。此以今论理学Logic三支式而绳之，当是仅举其断案，成一坚定之学说。若其大小前提，则必如《吕览·本生》《重己》诸篇所论"明王必法天地"是已。然书阙有间，姑措弗论可也。兹试即此断案而详为解释之。

（1）**全性**　《吕览·本生》、《重己》、《贵生》、《情欲》、《尽数》、《先己》六篇，有全生、养生、贵生、尊生、便生、全性、养性、达性、节性、顺性诸语，皆观之而可以自明。

（2）**保真**　《吕览·贵生篇》曰："道之真，以持身。"
（此语原本《庄子》，又出于《老子》曰"修之于身，其德乃
真"。）《先己篇》曰："啬其大宝，用其新，弃其陈。腠理遂
通，精气日新，邪气尽去，及其天年。此之谓真人。"是亦可谓
昭若发蒙矣。

（3）**不以物累形**　《庄子·让王篇》《吕览·审为篇》皆
曰："能尊生者，虽贵富不以养伤身，虽贫贱不以利累形。"
则不以物累形，乃专为贫贱者言也。然贵以贱为本，义原可通
也。更证诸"不以天下大利，易其胫一毛"（孟子则曰"不拔
一毛"），形之至微而极乎胫一毛，亦可谓充类至尽矣。则凡
身之五官百骸千形，无一当受物累，可知也。惟物之一字，其界
说如何？则《吕览·本生》诸篇亦充类言之。故曰："贫贱之致
物也难。出则以车，入则以辇，务以自佚，命曰招蹶之机。肥肉
厚酒，务以自强，命曰烂肠之食。靡曼皓齿，郑卫之音，务以自
乐，命曰伐性之斧。三患者贵富之所致也。"则凡饮食、起居、
声色，皆属物之范围也，而犹恐未明也。试更征之：

（一）《韩子·显学篇》曰：夫上所以陈良田大宅，设
爵禄，所以易民死命也。今上尊贵轻物重生之士，而索民之
出死而重殉上事，不可得也。

此以良田大宅及爵禄为物也。然犹为人臣之事也。

（二）《吕览·离俗篇》曰：舜让其友石户之农。石户之农曰："椿椿乎，后之为人也，葆力之士也。"以舜之德为未至也，于是乎夫负妻戴，携子以入于海，去之终身不反。舜又让其友北人无择。北人无择曰："异哉，后之为人也，居于畎亩之中，而游入于尧之门。不若是而已，又欲以其辱行漫我，我羞之。"而自投于苍领之渊。汤将伐桀，因卞随而谋。卞随辞曰："非吾事也。" 汤曰："孰可？"卞随曰："吾不知也。"汤又因务光而谋，务光曰："非吾事也。"汤曰："孰可？"务光曰："吾不知也。"汤曰："伊尹何如？"务光曰："强力忍诟，吾不知其他也。"汤遂与伊尹谋夏伐桀，克之，以让卞随。卞随辞曰："后之伐桀也，谋乎我，必以我为贼也。胜桀而让我，必以我为贪也。吾生乎乱世，而无道之人再来诟我，吾不忍数闻也。"乃自投于颍水而死。汤又让于务光曰："智者谋之，武者遂之，仁者居之，古之道也。吾子胡不位之？请相吾子。"务光辞曰："废上，非义也；杀民，非仁也，人犯其难，我享其利，非廉也。吾闻之：'非其义，不受其利；无道之世，不践其土。'况于尊我乎？吾不忍久见也。"乃负石而沉于募水。故如石户之农、北人无择、卞随、务光者，其视天下，若六合之外，人之所不能察。其视贵富也，苟可得已，则必不之赖。高节厉行，独乐其意，而物莫之害。

此则以天子之位为物，而不为物害者，谓不受污也。是虽死节义而不为所污者，犹为不以物累形也。故《吕览·贵生篇》曰："迫生不若死。"不能不疑其原出杨朱书也。然则杨朱之不以物累形，充类至尽而言之，必让王而后可，必烈士而后可。韩非曰"世主贵其智而高其行"，岂不诚高行矣哉！

然杨朱为让王之徒，有《庄子·让王篇》，自易知之。而杨朱为烈士之流，虽《韩子·忠孝篇》有烈士（上篇第三章第四节），尚当广喻以明之焉。

　　《齐策》齐宣王见颜斶曰："斶前。"斶亦曰："王前。"宣王不悦。左右曰："王，人君也。斶，人臣也。王曰'斶前'，斶亦曰'王前'，可乎？"斶对曰："夫斶前为慕势，王前为趋士。与使斶为趋势，不如使王为趋士。"王忿然作色曰："王者贵乎？士贵乎？"对曰："士贵耳，王者不贵。"王曰："有说乎？"斶曰："有。昔者秦攻齐，令曰：'有敢去柳下季垄五十步而樵采者，死不赦。'令曰：'有能得齐王头者，封万户侯，赐金千镒。'由是观之，生王之头，曾不若死士之垄也。"宣王默然不悦。左右皆曰："斶来！斶来！大王据千乘之地，而建千石钟，万石簴。天下之士，仁义皆来役处。辩知并进，莫不来语。东西南北，莫敢不服。求万物无不备具，而百姓无不亲附。今夫士之高者，乃称匹夫，徒步而处农亩，下则鄙野、监门、闾里，士之贱也亦甚矣。"颜对曰："不然，颜闻'古大禹之时，诸侯万国。何则？德厚之道，得贵士之力也。故舜起农亩，出于野鄙而为天子。及汤之时，诸侯三千。当今之世，南面称寡者乃二十四'。由此观之，非得失之策与？稍稍诛灭，灭亡无族之时，欲为监门、闾里。安可得而有乎哉！是故，《易传》不云乎'居上位未得其实而喜其为名者，必以骄奢为行。据慢骄奢，则凶必从之'。是故无其实而喜其名者削，无德而望其福者约，无功而受其禄者辱，祸必握。故矜功不立，虚愿不至。此皆幸乐其名华而无其实德者也。是以尧有九佐，舜有七友，禹有五丞，汤有三辅。自古及今而能虚成名于天下者无有。是以君王无羞亟问，不愧下学。是故成其道德而扬功名于后世者，尧、舜、禹、汤、周文王是也。故曰：'无形者，形之君也；无端者，事之本也。'夫上见其原，下通其流，至圣人明学，何不吉之有哉！老子曰：'虽贵，必以贱为本；虽高，必以下为基。是以侯王称孤、寡、不毂，是其贱之本与？'夫孤寡者，人之困贱下位也，而侯王以自谓，岂非下人而尊贵士与？夫尧传舜，舜传禹，周成王任周公旦，而世世称曰明主。是以明乎士之贵也。"宣王曰："嗟乎！君子焉可侮哉？寡人自取病耳。及今闻君子之言，乃今闻细人之行。愿请受为弟子。且颜先生与寡人游，食必太牢，出必乘车，妻子衣服丽都。"颜斶辞去曰："夫玉生于山，制则破焉，非弗宝贵矣，然大璞不完。士生乎鄙野，推选则禄焉，非不尊遂也，然而形神不全。窃愿得归，晚食以当肉，安步以当车，无罪以当贵，清静贞正以自虞。制言者王也，尽忠直言者窃也。言要道已备矣，愿得赐归，安行而反臣之邑屋。"则再拜而辞去也，窃知足矣，归反扑，则终身不辱也。（据黄丕烈刻《战国策》，并参用札记。）

此则孟子有言"杨朱、墨翟之言盈天下"，若颜斶者必为杨朱之言者也。对齐王曰"生王之头，不若死士之垄"，可谓烈士矣。然其不受禄，则让王之徒也。彼杨朱者，见梁王而后，不知所终，岂亦如颜斶之神龙见首而不见尾耶？若夫汉后有言之者。

班嗣曰：庄子（原作严子，避汉明帝讳也）绝圣弃智，修生保真，清虚淡泊，归自之然，独师造化而不为世俗所役者也。渔钓于一壑，则万物不奸其志；栖迟于一丘，则天下不易其乐。不绁圣人之网，不馔骄居之饵。荡然肆志，谈者不得而名焉，故可贵也。（《汉书·叙传》）

此班氏与杨雄同时，而言庄子之荡如是，杨子《法言》曰："庄、杨荡而不法"，则杨朱之荡，不亦当如是耶？然亦大概言之耳，庄、杨固不尽同矣。

颜之推曰：夫老庄之书，盖全真养性，不肯以物累己也。故藏名柱史，终蹈流沙。匿迹漆园，卒辞楚相。此任纵之徒尔。（《颜氏家训·勉学篇》）

此颜氏谓老、庄不以物累己，则杨朱之不以物累己，又得一证解矣。虽然，班、颜二氏所言，处士盗虚声者，或窃之矣。

第二节　为我（贵己）主义

杨朱全性保真矣。全性为保真之前提，而保真者保我也。孟子曰"杨子取为我"，《吕览》曰"阳生贵己"。为我、贵己，二名一实也。故谓曰为我主义而已。然在文字上之解释，又皆可以独立也。如次：

第一，为我。为我者，为身也；修身也。《说文》曰"我，施身自谓也"，是其义也。或曰兼爱者，墨子书之篇名也。则为我，或亦杨朱书之篇名。然未可定也，更证明以庄子之书。

《庄子·在宥篇》广成子南首而卧，黄帝顺下风，膝行而进，再拜稽首而问曰："闻吾子达于至道，敢问治身，奈何而可以长久？"广成子蹶然而起曰："善哉问乎！来，吾语女至道。至道之精，窈窈冥冥。至道之极，昏昏默默。无视无听，抱神以静，形将自正。必静必清，无劳女形，无摇女精，乃可以长生。目无所见，耳无所闻，心无所知，女神将守形，形乃长生。慎女内，闭女外，多知为败。我为女遂于大明之上矣，至彼至阳之原也。为女入于窈冥之门矣，至彼至阴之原也。天地有官，阴阳有藏，慎守女身，物将自壮。我守其一，以处其和。故我修身千二百岁矣，吾形未尝衰。"黄帝再拜稽首曰："广成子之谓天矣。"广成子曰："来，吾语女。彼其物无穷，而人皆以为终。彼其物无测，而人皆以为极。得吾道者，上为皇而下为王；失吾道者，上见光而下为土。今夫百昌，皆生于土而反于土。故余将去女，入无穷之门以游无极之野。吾与日月参光，吾与天地为常。当我缗乎，远我昏乎，人其尽死而我独存乎？"

此黄帝、广成子问答，又以治身修身，并为一谈。故广成子曰："人其尽死而我独存乎。"此又非明明治身者即为我主义乎？盖为，犹治也，亦证之雅诂而自明也。

第二，贵己。贵己者，谓己贵于天下国家也。老子曰："贵以身为天下，若可寄天下；爱以身为天下，若可托天下。"《庄子·让王篇》曰："道之真以治身，其绪余以为国家，其土苴以治天下。"皆其义也。而《吕览》有《本生》《重己》《贵生》《先己》诸篇殚其旨，益无余蕴矣。

虽然，犹有当深论者。老子曰："不得其时，则蓬累而行。"又曰："贤者伏处大山嵁岩之下。"广成子在于空同之上，当亦即其人矣。然而杨朱皮弁、鹬冠、搢笏、绅修，而与墨家共利岐以争赴天下之急。是则非蓬累而行，故作蓬首累囚之容，且伏处大山嵁岩之下矣。窃谓杨朱者盖主唱让王以救天下者也。故其道与老、庄同，而其行则不尽与老、庄同也。世言庄子愤奔走游说之士，故著《让王篇》，而杨朱则盖奔走游说以唱让王者也。故庄子以与墨氏并斥也。夫让王者无我以为我，忘己以为己，其于治术深矣，远矣。故曰杨朱之为我主义者，最高之利己主义也。后来《吕览》一书，独绍述杨朱之学统者，良以观世既深，审度其说最善而后取之也。

大抵言其通，则百家可贯。言其专，则杨朱自有其独。故若詹何曰："闻为身，不闻为国。"荀子曰："闻修身，未闻为国。"孔子曰："修己以安百姓。"《大学》曰："自天子以至于庶人，壹是皆以修身为本。"举其名，则曰为身，曰修身，曰修己，未尝不可与杨朱为我贵己通，而求其实则大有程度之差，是亦坚白同异之辨，不可不深察也。儒家孟子绳以"不仕无义，欲洁其身而乱大伦"（《论语·微子篇》），故斥杨朱为无君，然而浅矣。世又有谓杨朱如《抱朴子·诘鲍篇》之鲍生，主张无君说者，其谬更不足论。

第三节 察辩主义

此察辩主义之方式，杨、墨同之，已详前论，而兹尚当申言者。

一，盛容服 庄子斥杨墨皮弁、鹬冠、搢笏、绅修。《荀子·非相篇》曰："谈说之术，矜庄以莅之，端诚以处之，坚强以持之，分别以喻之，譬称以明之，欣欢芬芗以送之。宝之珍之，贵之神之，如是则说常无不受。"然则杨、墨欲人之受其说也，固以盛容服为必要之设备也。

二，严辩论 庄子曰："骈于辩者，累瓦结绳，窜句游心于坚白同异之间，而敝跬誉无用之言，非乎？而杨、墨是已。"然此庄子攻击之词，固不必尽依杨、墨本法。故《墨子·经》上下篇有明文者，亦不复征，而仅随文释之。

（1）**累瓦**：当作累丸，言辞巧转，累累如转丸珠也。

（2）**结绳**：因巧转而缴绕，如绳之连结，胶固不解也。

（3）**窜句**：窜之言入微也，谓穿插语句，或穿凿文句也。

（4）**游心**：游之言玩赏也，专一其心神，而好之无倦也。

（5）**坚白同异之间**：《韩子·外储说右上篇》曰"人主所甚爱也者，是同坚白也"。然则凡事之合而不可离者，同坚白也。同而异之，是为坚白同异也。故非察之至深者，不能为也。

（6）**敝跬誉无用之言**：敝，尽也。跬、诡通用。誉，名也。庄子以为杨、墨所辩，尽诡名无用之言也。

又有韩非言："杨朱、墨翟所为难知之言，必察士然后能知之。"若第就杨朱一方而明之，则见于《吕览》之《本生》《重己》《贵生》《情欲》《尽数》《先己》六篇者，大抵多有非恒人所能解，斯其所以为难知之言也夫！

且《墨子·经下篇》，明有两可之说。杨朱是否同之，不可详考。然似杨朱甚不许有两可之说者。杨朱"见衢涂而哭之，为其可以南，可以北"，"过举跬步而觉跌千里"也。此衢涂正界于疑似两可之间，有关趋舍之大，而深悲人之不察，岂非不容许两可之明征乎？尚有一事：

> 《说苑·权谋篇》杨子曰："事之可以之贫，可以之富者，其伤行者也；事之可以之生，可以之死者，其伤勇者也。"仆子曰："杨子智而不知命，故其知多疑。语曰'知命者不惑'，晏婴是也。"

此杨朱不容许有两可之说，益以明矣。夫以可贫可富者为伤行，则宁贫而不富也。以可生可死者为伤勇，则宁生而不死也。故杨朱全性保真，不以物累形也。然与孟子曰"可以取，可以无取，取伤廉；可以与，可以无与，与伤惠；可以死，可以无死，死伤勇"（《离娄》下篇）又何其酷相似也。岂孟子善辨，而亦窃有取于杨朱也。

若夫仆子，未详何人，其称晏婴，则盖儒家之徒也，而诋杨子智而不知命。岂知儒家之知命，固有未可与杨朱之知命，并为一谈者矣。

第四节 人道主义

惟辩者善察之结果，其立说往往近于今之人道主义。惠施曰"泛爱万物，天地一体也"，即其例也。杨朱善辩，故亦有近于人道主义者数事。

一，有一妻一妾而不治。虽比于儒家刑于寡妻，不可同论，然宽严悬殊矣。且逆旅小子尚有二妾，杨朱为一代大师，而止一妻一妾。古者庶人一妻一妾，自庶人以上，妾虽多而妻一而已。今欧西学者谓中国妻妾制度，仍是一夫一妻之制，以妾不为妻也。然则杨朱庶人家庭，不能不谓其守极端之平民主义，亦不能不谓其尚近于人道主义。

二，有三亩之园而不芸。此其志存明王大道，不能以游民责之，然亦赤贫甚矣。以甚赤贫之人，而利跂争赴天下之急，可不谓其力行人道主义者乎？且不处军旅，不入危城，不以天下大利易其胫一毛，则尤有合于今之人道主义矣。

三，不击吠狗。其事见下，亦合于今之人道主义者。

第四章 杨朱之徒属

第一节 生年与其弟（附年表）

孔、杨二子皆学于老聃，然孔子年七十一岁，见老聃于周，时周敬王三十九年，鲁哀公之十四年也。（详余著《老子列传考释》）敬王四十一年，孔子卒。下至周烈王二年，秦献公之十一年，相距已百有六年，而老聃犹生存。故《史记·老子传》曰："或言老子二百余岁，以其修道而养寿也。自孔子死之后，而《史记》周太史儋见秦献公。"即其事也。第观魏文侯时乐人窦公，至汉文帝时，犹生存，考其实年，当得二百三四十岁；则老子高寿二百余岁，原非不可有之事也。老子高寿既可信，则太史儋即老聃，儋、聃同部通用字，亦无可疑也。盖老子初为周守藏史，尝免而归居。（《庄子·天道篇》）其后更为周太史。郑玄《论语注》曰"老聃，周之太史"，则汉儒已言之矣。

　　老聃既即太史儋，《庄子·寓言篇》云"阳子居南之沛，老聃西游于秦"，此当即将往见秦献公也。《史记·周本纪》云："烈王二年，周太史儋见秦献公曰：'始周与秦国合而别，别五百岁复合，合十七岁而霸王者出焉。'"《秦本纪》云"献公十一年，周太史儋见献公"。《封禅书》云"秦灵公作吴阳畤，祭黄帝、炎帝，后四十八年，周太史儋见秦献公"。考其年数，咸密合，则其事确凿可据也。夫夏将亡而太史终古奔商，殷将亡而内史向挚归周，则周将亡而太史儋适秦，曷足怪哉？况《庄子·养生主篇》曰："老聃死，秦佚吊之。"秦佚者，明其为秦人，或周史之官于秦者也。则老聃死于秦矣，游流沙之说，非其实也。故吕不韦门客辑《吕览》一书，特尊异老聃、关尹、子列子、杨朱之学统。殆亦以周秦相继，太史来归，故其学统为最可崇奉也。

　　老聃、太史儋实一人，故老聃弟子环渊（环渊，老子弟子，详余著《汉书艺文志讲疏》）得为齐稷下先生。《史记·田完世家》云"齐宣王十八年，文学之士，自如驺衍、淳于髡、田骈、接子、慎到，环渊之徒，七十六人，皆赐列第为上大夫，齐稷下学士复盛"是也。若杨朱则《庄子·徐无鬼篇》：庄子谓惠子曰"儒、墨、杨、秉与夫子为五"，是杨朱与惠施为魏相时，年事相值。然《说苑·政理篇》言"杨朱见梁王"，则当在魏惠王徙都大梁，称梁王之后矣。

　　杨朱非墨子，而孟子又非杨朱，今人考墨子生年，当起自周定王元年，讫于周安王二十六年，略当西纪前四六八—前三七六年间。（本孙诒让说，详余著《庄子天下篇讲疏》后附年表。）
又考孟子先游齐，后游梁，当齐宣王暮年，及梁惠王后元末年，
襄王初年（略据江永《群经补义》，及周广业《孟子出处时地
考》），略当西纪元前三二〇年（周慎靓王元年）前后。余遍考
群书，咸密合可信。《吕览·贵生篇》称子华子，子华子尝见韩
昭僖侯。（《庄子·让王篇》）昭僖侯即昭侯，亦与杨朱年事相
值，则《贵生篇》当即杨朱书矣。惟《史记·田完世家》、《魏
世家》、《六国表》，多讹误。当据古本《竹书纪年》（《史记
索隐》引）：魏文侯在位五十年（周定王二十五年即位），武侯
二十六年（周安王七年即位），梁惠王有后元年（吾家亭林《日
知录》已言之），齐威宣王复谥，可单称曰威王，曰宣王，《史
记》误分为威王、宣王二人。（周广业已详论之）威宣王前，当
增桓侯午（即田侯牟）。如是，则墨、杨、孟三子年代递相衔
接，其迭相非也，亦论其世而可知矣。为表如下：

周	秦	魏	韩	齐	备注
周安王元年	秦简公十四年	魏文侯四十四年	韩景侯八年	齐康公四年	本表惟魏、齐二国，据古本《竹书纪年》，余悉从《史记·六国表》。古本《纪年》之秦、韩二国，稍与《六国表》岐异，然不可详知矣。
二	十五	四十五	九	五	
三	秦惠公元年	四十六	韩列侯元年	六	
四	二	四十七	二	七	

周	秦	魏	韩	齐	备注
五	三	四十八	三	八	当注意者，前王之卒年，即后王之元年。如魏文侯之五十年即武侯元年，武侯之二十六年即惠王元年，是也。然亦有不尽然者。皆非排比时，不能钩稽得之也。
六	四	四十九	四	九	
七	五	魏武侯元年	五	十	
八	六	二	六	十一	
九	七	三	七	十二	
十	八	四	八	十三	
十一	九	五	九	十四	
十二	十	六	十	十五	孙诒让考定《墨子年表》，起自周定王元年，迄于周安王二十六年，则墨子为杨朱前辈，时代甚明也。
十三	十一	七	十一	十六	
十四	十二	八	十二	十七	

续上表

周	秦	魏	韩	齐	备注
十五	十三	九	十三	十八	
十六	秦出子元年	十	韩文侯元年	十九	
十七	二	十一	二	二十	
十八	秦献公元年	十二	三	二十一	
十九	二	十三	四	二十二 田侯剡立	
二十	三	十四	五	二十三 二	
二十一	四	十五	六	二十四 三	
二十二	五	十六	七	二十五 四	
二十三	六	十七	八	二十六 五	
二十四	七	十八	九	六	

周	秦	魏	韩	齐	备注
二十五	八	十九	十	七	
二十六	九	二十	韩哀侯元年	八	
周烈王元年	十	二十一	二	九	杨朱南之沛，老聃西游于秦，当在此时。
二	十一	二十二	三	十	是年，周太史儋即老聃，见秦献公。
三	十二	二十三	四	田侯午立即齐桓公元年	
四	十三	二十四	五	二	《孟氏世谱》"孟子生于周烈王四年己酉"。是上距孔子卒，百有八年。《孟子·尽心篇》曰"由孔子而来，百有余岁"。盖孟子自指其生年而言也。
五	十四	二十五	六	三	
六	十五	魏惠王元年	韩庄侯元年	四	

续上表

周	秦	魏	韩	齐	备注
七	十六	二	二	五	
周显王元年	十七	三	三	六	
二	十八	四	四	七	《魏世家》言武侯卒，子䓨与公中缓争为太子，则魏惠王䓨既非嫡长子，《六国表》周安王二年，书魏太子䓨生，不足据矣。周广业已辨之。故推测杨朱当年长于魏惠王不止长一岁。
三	十九	五	五	八	
四	二十	六	六	九	
五	二十一	七	七	十	
六	二十二	八	八	十一	

周	秦	魏	韩	齐	备注
七	二十三	九	九	十二	是年魏惠王徙都大梁，始称梁王。杨朱见梁王，当在此后。惠王称杨朱曰先生，必以杨朱年长于己而称之也。《吕览·不屈篇》言惠施为魏相，五十战而二十败。《开春篇》又言惠王死，而惠施犹在，则当历相惠襄二王矣。杨朱与惠施争辩，当经时甚久。
八	秦孝公元年	十	十	十三	
九	二	十一	十一	十四	
十	三	十二	十二	十五	
十一	四	十三	韩昭侯元年	十六	
十二	五	十四	二	十七	
十三	六	十五	三	十八	
十四	七	十六	四	齐威宣王元年	
十五	八	十七	五	二	
十六	九	十八	六	三	

续上表

周	秦	魏	韩	齐	备注
十七	十	十九	七	四	
十八	十一	二十	八	五	
十九	十二	二十一	九	六	
二十	十三	二十二	十	七	
二十一	十四	二十三	十一	八	
二十二	十五	二十四	十二	九	
二十三	十六	二十五	十三	十	
二十四	十七	二十六	十四	十一	
二十五	十八	二十七	十五	十二	
二十六	十九	二十八	十六	十三	

周	秦	魏	韩	齐	备注
二十七	二十	二十九	十七	十四	
二十八	二十一	三十	十八	十五	
二十九	二十二	三十一	十九	十六	
三十	二十三	三十二	二十	十七	
三十一	二十四	三十三	二十一	十八	是年，老聃弟子环渊为齐稷下先生。
三十二	秦惠文王元年	三十四	二十二	十九	
三十三	二	三十五	二十三	二十	
三十四	三	三十六	二十四	二十一	
三十五	四	魏惠王后元年	二十五	二十二	
三十六	五	二	二十六	二十三	

续上表

周	秦	魏	韩	齐	备注
三十七	六	三	韩宣惠王元年	二十四	
三十八	七	四	二	二十五	孟子游齐，当在此后。《孟子·梁惠王篇》，孟子谓齐宣王曰"夫人幼而学之，壮而欲行之"。《公孙丑篇》，公孙丑问孟子加齐之卿相，而孟子答之曰"我四十不动心"。皆孟子游齐当在四十强仕以后之证。孟子又与景丑论达尊，则自居于德耳。阎若璩谓孟子以齿自居者误也。
三十九	八	五	三	二十六	
四十	九	六	四	二十七	
四十一	十	七	五	二十八	
四十二	十一	八	六	二十九	
四十三	十二	九	七	三十	
四十四	十三	十	八	三十一	
四十五	初更元年	十一	九	三十二	
四十六	二	十二	十	三十三	

续上表

周	秦	魏	韩	齐	备注
四十七	三	十三	十一	三十四	
四十八	四	十四	十二	三十五	
周慎靓王元年	五	十五	十三	三十六	江永说"孟子于是年见梁惠王"。周广业说"惠王差长于孟子，故称孟子曰叟"。然则比称杨朱曰先生，有敬慢之殊欤？周广业说"齐湣王前三年，当属宣王"。然湣王于古本《竹书纪年》无征。故兹从略。
二	六	十六	十四		
三	七	魏襄王元年	十五		

上表起自周安王元年，迄于慎靓王三年，当西纪前四〇一—前三一八年间，相距八十四年，以拟杨朱之生存年代。或杨朱以全性保真，而寿命高过于此，亦未可知。然孟子对于杨朱，以后生而陵轹前辈，彼自诩善养浩然之气，未免使气太过矣。

杨朱虽师承有自，而其徒属实无有一人可以指名者，殊与其言盈天下之声势不类。岂全性保真，多沦于让王高蹈，遂湮没而不彰耶？仅见杨朱与其弟杨布语，或弟而师其兄者欤？果尔，则可指名者仅一人而已。

《韩非子·说林下篇》杨朱之弟杨布，衣素衣而出。天雨，解素衣，衣缁衣而反。其狗不知而吠之，杨布怒，将击之。杨朱曰："子毋击也，子亦犹是。曩者使女狗，白而往，黑而来，子岂能毋怪哉？"

此杨朱以人度狗，体贴入微，洵不愧物彻疏明，抑亦万物一体之达观也。

第二节 弟子

此弟子亦不可指名，惟确为杨朱之弟子耳。

《庄子·山木篇》阳子之宋，宿于逆旅。有妾二人，其一人美，其一人恶，恶者贵而美者贱。阳子问其故。逆旅小子对曰："其美者自美，吾不知其美也；其恶者自恶，吾不知其恶也。"阳子曰："弟子记之，行贤而去自贤之行，安往而不爱也。"

《韩非子·说林上篇》杨子过于宋，东之逆旅，有妾二人，其恶者贵，美者贱。杨子问其故。逆旅之父答曰："美者自美，吾不知其美也；恶者自恶，吾不知其恶也。"杨子谓弟子曰："行贤而去自贤之心，焉往而不美。"

此杨朱过宋而东之逆旅者，宋在今河南归德府商丘县，老子居沛，在其东，今江苏徐州府沛县东。则所以东之逆旅者，殆将往老子处也。或者此时杨朱已寄居于梁，梁即今河南开封县，故过宋而见老子与？不可考矣。

逆旅小子曰："其美者自美，吾不知其美也；其恶者自恶，吾不知其恶也。"此真知至于无知，辅万物之自然而不敢为，老于世故人情，烂熟胸中，故出此阅历有得之言也。是以杨朱亟称之曰"行贤而无自贤之心"。行贤者，为我也。无自贤者，无我也。有我以为我，其为我也小矣。惟无我以为我，其为我乃真不可量也。故老子曰："不自见，故明；不自是，故彰；不自伐，故有功；不自矜，故长。"皆其义也。是杨朱教训弟子，深有得于老子之道也。且杨朱惟无我以为我，则为我主义实能包慑墨子兼爱主义而有余。故墨子唱说而杨朱能非之也，然其旨益深远矣。

第三节 今有人

此本韩非之设辞，然必为杨朱之拟人，及杨朱之徒无疑。

《韩非子·显学篇》今有人于此，义不入危城；不处军旅；不以天下大利，易其胫一毛。世主必从而礼之，贵其智而高其行，以为轻物重生之士也。夫上所以陈良田大宅，设爵禄，所以易民死命也。今上尊贵轻物重生之士，而索民之出死而重殉上事，不可得也。

《六反篇》畏死远难，降北之民，而世尊之曰贵生之士。

此较孟子曰"杨子取为我，拔一毛而利天下不为也"，语更详明，虽韩非之设词，而指陈时事，当必实有其人。其人非杨朱，则必即杨朱之徒，而衍杨朱之教义者也。窃谓战国纷争，霸政之为祸烈矣。百家蜂起，兵家、法家、纵横家但有用兵，不辩攻诛。儒、墨皆非攻而是诛，墨则更长于守御，不辞危城，不避军旅。故儒、墨皆于消极之中，而有积极作用。独杨朱不然，其制行乃消极而又消极，故义不入危城，不处军旅，不以天下大利易其胫一毛。殆可谓曰杨氏三不之定律也。此三不之定律，即直接对于当时之兵争，而与以根本上之消极抵抗也。如此一种社会之运动，而果能成为人类社会之事实，宁不有可重视之价值乎？然其第三定律，遂为反对派孟子所摭拾，以为攻击之口实，要亦可见其断章取义，惟图反唇相稽，本非定论矣。

第四节　伪名之孟孙阳、心都子

此孟孙阳、心都子者，本出伪《列子·杨朱篇》依托之假名，必非实有其人。余书例不以伪《列子》一书为杨朱信史之资料，附驳此伪名之二弟子于此，而余书亦将入于辟伪论矣。

下篇 辟伪

第一章 古书之剿袭

第一节 杨朱南之沛

今存魏晋人伪托之《列子》一书，凡八篇。余书上篇已详言真杨朱书亡而伪《杨朱篇》作之变迁矣。然伪《列子》书中，涉及杨朱事者，不止一伪《杨朱篇》也，尚有伪《黄帝篇》，伪《周穆王篇》，伪《仲尼篇》，伪《汤问篇》，伪《力命篇》，伪《说符篇》焉。其文字不外剿袭、伪造二种。剿袭古书，虽小有窜乱，然先秦文字固不至于荒谬绝伦也。惟伪造之部分，荒谬绝伦，昏无人理极矣。饕富贵，纵嗜欲，人头畜鸣，廉耻道丧。比于杨朱之"全性保真，不以物累形"，适得其反也。更以视《吕览》之《本生》、《重己》、《贵生》、《情欲》、《尽数》、《先己》六篇，可视为"准杨朱书"，而极言以节制情欲为养生者，亦适得其反也。夫《吕览》为秦人之书，而绍述杨朱之学统，如彼其有道也。一至乎魏晋人伪造杨朱之言行，如此其无状也。则秦祚虽短，中国犹强。而魏晋六朝，丧乱频仍，中国几于不国，不尤可征伪书之流毒于国家社会者无穷哉！余故不惮辞而辟之，且以警世之犹有信用伪杨朱者。

兹首揭其剿袭古书之部分，然已发见其并剿袭之能力而亦无之。

《伪黄帝篇》杨朱南之沛，老聃西游于秦。邀于郊，至梁而遇老子。老子中道仰天而叹曰："始以汝为可教，今不可教也。"杨朱不答，至舍，进涫漱巾栉，脱履户外，膝行而前曰："向者夫子仰天而叹曰：'始以汝为可教，今不可教。'弟子欲请，夫子辞行不闲，是以不敢。今夫子闲矣，请问其过。"老子曰："而睢睢，而盱盱，而谁与居？大白若辱，盛德若不足。"杨朱蹴然变容，曰："敬闻命矣。"其往也，舍者迎将家，公执席，妻执巾栉，舍者避席，炀者避灶。其反也，舍者与之争席矣。

此全袭《庄子》，试以《庄子》原文，与伪文相对照，如次：

庄子原文	伪文
阳子居	杨朱

至于梁	至梁
今不可也	今不可教也
阳子居不答	杨朱不答
进盥	进涫
脱屦	脱履（张湛注本作屦）
向者弟子欲请夫子	向者夫子仰天而叹曰："始以汝为可教今不可教。"弟子欲请
夫子行不闲	夫子辞行不闲
是以不敢。今闲矣	是以不敢。今夫子闲矣
而睢睢盱盱	而睢睢，而盱盱
阳子居	杨朱
迎将其家	迎将家

　　其改《庄子》原文之三阳子居，皆为杨朱，知阳子居即杨朱，自是不谬。然此即窜改之痕迹不可掩者。盖西汉杨雄《羽猎赋》犹知作阳朱，东汉以还，习俗相承，杨朱字遂作杨不作阳。伪造《列子》者无鉴古之识力，故囿于时代性而一律改阳子居为杨朱矣。涫本训灛也，所谓涫汤是也。今俗作滚，则涫借字，盥本字也。朱骏声曰："汉以前，复底曰舄，禅底曰屦。汉以后曰履，今曰鞋。"则是本当作屦，不当作履也。至以迎将家句，亦不如以家公连读为长。其余有所窜易，皆见原文之简明畅达而自然。且作伪者增之而不通，莫如"向者夫子"云云一段，所谓

"夫子辞行不闲"一句，无此情理也。他若减之而觉意晦气窒者，犹余事也。

吾人更有一感想者，《庄子·应帝王篇》之阳子居，自言"向疾强梁，物彻疏明，学道不倦，可比明王"，与老子问答一段文字，何等堂皇正大。伪《列子》书中曷为不袭取之也？则我知作伪者之设心，必以若彼其堂皇正大之人物，岂得有如伪《杨朱篇》所发卑鄙龌龊之言论，正是望而生畏，故不敢取耳。此尤作伪者之肺肝如见矣。

至于《庄子·寓言篇》明云"有寓言卮言重言"，孔子、阳子居皆在耆旧之列，则是重言也。自司马迁好为钓奇之文，诬指庄子之书曰："大抵率寓言也。"于是张湛伪造《列子·黄帝篇》既袭庄子此文，且注曰"此皆寓言也"，是其作伪之设心，不几于和盘托出乎？甚矣浮华文人，无读古书之识力，而徒供作后世人之笑柄也。且伪《列子·汤问篇》曰："周穆王大征西戎，西戎献火浣之布，皇子以为无此物。"此皇子者，非他，即以影射魏文皇帝曹丕也。或曰张湛依托《列子》，原为寓言，将以托古讽今也。其然岂其然乎！欺天下后世之罪，岂可逭乎！

第二节 杨朱过宋

伪《列子》既不敢袭用《庄子·应帝王篇》，于是更袭其《山木篇》，且见于《韩非子·说林上篇》者。

《伪黄帝篇》杨朱过宋，东之于逆旅，逆旅人有妾二人，其一人美，其一人恶，恶者贵而美者贱。杨子问其故。逆旅小子对曰："其美者自美，吾不知其美也；其恶者自恶，吾不知其恶也。"杨子曰："弟子记之，行贤而去自贤之行，安往而不爱哉！"

此全袭《庄子》而更参合《韩非子》，试以二家原文与伪文对照，如次：

《庄子》原文	《韩非子》原文	伪文
阳子之宋	杨子过于宋	杨朱过宋
宿于逆旅	东之逆旅	东之于逆旅

伪文全袭《庄子》，但发端则参用《韩非子》，一校自明也。盖作伪者欲坐实杨朱为秦人，故必参用韩非之文，而云东之于逆旅，一若杨朱自秦而东来也者。不知杨朱东之逆旅，乃将由宋而东之沛，见老聃也。作伪者无地理上之智识，宜不知之矣。

第三节 杨朱之弟杨布

作伪者参用韩非之文既如上述，而又有全袭韩非之文者。

《伪说符篇》杨朱之弟曰布，衣素衣而出。天雨，解素衣，衣缁衣而反。其狗不知，迎而吠之。杨布怒，将扑之。杨朱曰："子无扑矣，子亦犹是也。向者使汝狗，白而往，黑而来，岂能无怪哉？"

此亦以韩非原文，与伪文对照如次：

韩非原文	伪文
杨朱之弟杨布	杨朱之弟曰布
而吠之	迎而吠之
将击之	将扑之
子毋击也	子无扑矣
子亦犹是	子亦犹是也
曩者	向者
子岂能无怪哉	岂能毋怪哉

然此等文字异同，无关宏旨，可置弗论。

第四节 杨朱见梁王

伪《列子》既袭《庄子》《韩非子》之外，又袭《说苑·政理篇》之文：

《伪杨朱篇》杨朱见梁王，言治天下如运诸掌。梁王曰："先生有一妻一妾而不能治，三亩之园而不能芸，而言治天下如运诸掌，何也？"对曰："君见其牧羊者乎？百羊而群，使五尺童子，荷箠而随之，欲东而东，欲西而西。使尧牵一羊，舜荷箠而随之，则不能前矣。且臣闻之：吞舟之鱼，不游枝流；鸿鹄高飞，不集污池。何则？其极远也。黄钟大吕，不可从烦奏之舞。何则？其音疏也。将治大者不治细，成大功者不成小，此之谓矣。"

此全袭《说苑》之文，然有异同，试对照如次：

《说苑》原文	伪文
如运诸掌然	如运诸掌
不能治	而不能治
不能芸	而不能芸

言治天下	而言治天下
何以	何也
诚有之	
君不见夫羊乎	君见其牧羊者乎
荷杖而随之	荷棰而随之
且使尧牵一羊	使尧牵一羊
舜荷杖而随之	舜荷棰而随之
则乱之始也	则不能前矣
臣闻之	且臣闻之
夫吞舟之鱼	吞舟之鱼
不游渊	不游枝流
不就污池	不集污池
其志极远也	其极远也
繁奏之舞	烦奏之舞
不治小	不治细
成大功者不小苟	成大功者不成小

此《说苑》原文及伪文之异同，试吟味之，在在可见《说苑》成于西京刘中垒之手，文章胎息纯古而自然。伪文则剿袭之，有所窜改，未免品斯为下矣。棰本以击马，故训"马挝也"，则不如荷杖之古，一也。"将治大者不治细，成大功者不成小"，句式改为整齐，而气味薄弱，不如原文之错落雄古，二也。他如改"何以"为"何也"，改"游渊"为"游枝流"，改

"就污池"为"集污池"，改"繁奏"为"烦奏"，皆嗜古之君子所不欲遽与首肯者也。尤以改"其志极远也"为"其极远也"，无"志"字，则成何意味？人而无志，不成为人，殆作伪者夫子自道也。

　　杨朱遗文佚事，余书显真、明取二论，已尽征之。然作伪者无此魄力，无此眼光，故所剿袭古书之成文，止得三四事，亦作伪者不学之过也。

第二章 地理之错误

第一节 秦人杨氏之误

本章以下，皆斥伪造文字而辟之。其文字不类先秦，非短涩即支离，非狂悖即恶俗。而古书真伪，一地理，二年历，尤凿凿不可逃者也。作伪者无地理上之智识，遂尔黔驴技穷，犹故弄狡狯，真不知人间有羞耻事。

《伪周穆王篇》秦人逄氏有子，少而惠，及壮而有迷罔之疾。闻歌以为哭，视白以为黑，飨香以为朽，尝甘以为苦，行非以为是，意之所之，天地四方，水火寒暑，无不倒错者焉。杨氏告其父曰："鲁之君子多术艺。将能已乎？汝奚不访焉。"其父之鲁过陈，遇老聃，因告其子之证。

此发端于秦人逢氏，而继之以杨氏告其父，即作伪者故弄狡狯，不明言杨朱秦人，而但揭秦人逢氏，承以杨氏，暗示人以杨朱亦为秦人也。故成玄英《庄子·山木篇》疏云"杨朱秦人"，正即受此伪文之愚也。然又谓"逢氏父之鲁，过陈，遇老聃"，则以老聃为陈人，其谬益甚矣。

《史记·老子传》云："老子者，楚苦县，厉乡，曲仁里人也。"则老子原本楚人，无可疑义也。惟《列仙传》云："老子，陈人。"伪河上公《老子注》云："陈国苦县厉乡人也。"此《列仙传》及伪河上公《注》，皆成于汉末魏初，谫陋无远识，因后汉地理上之变革，以苦县属陈国，遂误老子为陈国苦县人。伪造《列子》者昏陋不察，遂亦以为老子陈人，故曰"过陈遇老聃"，岂知春秋之世，苦当为楚县，余别有《老子列传考释》一篇以明之，兹不赘述。

至其所云："迷罔之疾，闻歌以为哭，视白以为黑，飨香以为朽，尝甘以为苦，行非以为是。"尤作伪者有迷罔之心疾，亦夫子自道也。

第二节 杨朱游鲁之误

作伪者无地理上之智识，不止上述一事，又有伪造杨朱游鲁之说。

《伪杨朱篇》杨朱游于鲁，舍于孟氏，孟氏问曰："人而已矣，奚以名为？"曰："以名者为富。既富矣，奚不已焉？"曰："为贵。既贵矣，奚不已焉？"曰："为死。既死矣，奚为焉？"曰："为子孙。名奚益于子孙？"曰："名乃苦其身，燋其心。乘其名者泽及宗族，利兼乡党，况子孙乎！""凡为名者必廉，廉斯贫。为名者必让，让斯贱。"曰："管仲之相齐也，君淫亦淫，君奢亦奢，志合言从，道行国霸，死之后，管氏而已。田氏之相齐也，君盈则己降，君敛则己施，民皆归之，因有齐国，子孙享之，至今不绝。"若实名贫，伪名富。"曰："实无名，名无实，名者伪而已矣。昔者尧、舜伪以天下让许由、善卷，而不失天下，享祚百年。伯夷、叔齐实以孤竹君让而终亡其国，饿死于首阳之山。实伪之辨，如其省也。"

此作伪者伪造杨朱游鲁之事，而不顾孔子南之沛，阳子居亦南之沛，同是南行之沛，孔子为鲁人，则杨朱亦非鲁人而何哉？杨朱既可推定为鲁人，则又复何有游鲁之可言哉？是以古书证古书，不适以见作伪者之无知妄作乎！

自孟氏问以下，直至结末，孰为孟氏问，孰为杨朱答，文理晦塞而不明。然其大旨则为祛名，无可疑也。不知道家、儒家、墨家、名家、杂家，皆以"正名为政"，为言治之首务。是岂蝇营狗苟，要名以为当身富贵，及死后子孙计而已哉？且杨朱享战国一代之大名，然有一妻一妾不能治，有三亩之园不能芸，其赤贫之生活，下夷于庶人之不若，则杨朱岂非为名而甘贫贱之人哉？何至反对为名贫贱，其厚诬杨朱者一也。杨子曰："事之可以之贫，可以之富者，其伤行者也。"此尤杨朱明言以富为伤行，而贵可知矣。杨朱既非抱一富贵主义者，何至轻管氏而重田氏，且鄙视管氏身后之萧条，而艳羡田氏子孙之荣华，其厚诬杨朱者二也。杨朱见梁王，亦尝称尧述舜，是与《庄子·胠箧篇》曰"田成子有乎盗贼之名，而身处尧、舜之安"，正当同一观念，何至目尧、舜为伪让，反不如夷、齐之实让，其厚诬杨朱者三也。杨朱窜句游心于坚白同异之辨，见称于庄子，无非争名实也。且名实二者对举，姬汉六代之文同之（六代下包江左），可覆案也。作伪者开口便错，曰实名，曰伪名，已嫌不词，更申之曰"名者伪而已矣"，然则儒、墨、杨、秉，与惠施为五，相拂以辞，相镇以声，尽是一出伪戏，岂非笑谈，其厚诬杨朱者四也。要之，作伪者以尧、舜为伪让，显受魏晋禅代之影响，其时代性之不可掩如此，则亦作伪者夫子自道耳，于杨朱何与哉？

陈朱世卿《法性自然论》曰："《列子》之'为名者必廉，廉斯贫；为名者必让，让斯贱'。此乃一隅之说，非周于理者也。"足见伪《列子》一书，至梁、陈时已流行，而当时已嫌其不近理，惜尚未能痛辟之耳。

第三章 先哲之污蔑

第一节 四圣二凶之颠倒

作伪者之人头畜鸣，廉耻道丧，尤莫甚于其颠倒名实，黜四圣而崇二凶，为悖谬已极。盖以媚当世无道之君主，其逢君之恶，罪不容于诛矣。

《伪杨朱篇》杨朱曰：天下之美，归之舜、禹、周、孔；天下之恶，归之桀、纣。然而舜耕于河阳，陶于雷泽，四体不得暂安，口腹不得美厚，父母之所不爱，弟妹之所不亲，行年三十，不告而娶。及受尧之禅，年已长，智已衰。商钧不才，禅位于禹，戚戚然以至于死。此天人之穷毒者也。鲧治水土，绩用不就，殛诸羽山。禹纂业事雠，惟荒土功，子产不字，过门不入，身体偏枯，手足胼胝。及受舜禅，卑宫室，美绂冕，戚戚然以至于死。此天人之忧苦者也。武王既终，成王幼弱，周公摄天子之政，邵公不悦，四国流言，居东三年，诛兄放弟，仅免其身，戚戚然以至于死。此天人之危惧者也。孔子明帝王之道，应时君之聘，伐树于宋，削迹于卫，穷于商周，围于陈蔡，受屈于季氏，见辱于阳虎，戚戚然以至于死。此天民之遑遽者也。凡彼四圣者，生无一日之欢，死有万世之名。名者，固非实之所取也。虽称之弗知，虽赏之不知，与株块无以异矣。桀借累世之资，居南面之尊，智足以距群下，威足以震海内，恣耳目之所娱，穷意虑之所为，熙熙然以至于死。此天民之逸荡者也。纣亦借累世之资，居南面之尊，威无不行，志无不从，肆情于倾宫，纵欲于长夜，不以礼义自苦，熙熙然以至于诛。此天民之放纵者也。彼二凶也，生有从欲之欢，死被愚暴之名。实者固非名之所与也。虽毁之不知，虽称之弗知，此与株块奚以异矣。彼四圣虽美之所归，苦以至终，同归于死矣。彼二凶虽恶之所归，乐以至终，亦同归于死矣。

此作伪者厚诬杨朱，无待赘言。然不辨则不明也，杨朱学道者，五帝之大道也。及禹而大道已隐，故杨朱见梁王，称尧、舜不称舜、禹。此以舜、禹并称，不合者一也。杨朱问明王之治于老聃，明王莫如尧、舜，故见梁王，则称尧、舜以自况。此忽反对舜，不合者二也。杨朱与孔子同师老聃，则为同门之抗颜行，何至以周公、孔子之圣并称。此乃以周、孔之圣并称，不类当时语，不合者三也。杨朱言治天下如运诸掌，治天下者舜、禹也，乱天下者桀、纣也，是岂肯反对舜、禹而崇拜桀、纣，不合者四也。杨朱与墨翟咸利跂以救世，宁不与舜、禹、周、孔之劳同视。其死也，固有万世之名；而其生也，岂无一日之欢。此忽反对舜、禹、周、孔生无一日之欢，死有万世之名，不合者五也。杨朱、墨翟盛名亘于战国一代，二百五十年间，则杨朱以及身享大名，又且及其子孙与徒众矣，何至视死后之身如株块，虽名之所加，无有所以知，不合者六也。即此六者，已足征作伪者夫子自道，于杨朱何与哉！

盖作伪者生于魏晋之世，魏文帝之放荡，父子聚麀（事见《世说新语》）；晋武帝之荒淫，羊车宰命。是亦当世之桀、纣也。然何至于如桀、纣甘愿亡国败家而不恤，此所以作伪者逢君之恶，为罪不容于诛也。且果如所言，死后之身，如株块然，名之所加，无有所以知。不悟名实者，原本人情。人之恒情，莫不乐生而恶死，莫不乐圣而恶愚。故人情莫不乐舜、禹、周、孔四圣之寿终，而恶桀、纣二凶之放诛。是以四圣者，名也；舜、禹、周、孔者，实也。二凶者，名也；桀、纣者，实也。此正顺适人情而所以为名正其实者也，名教纲常不外此也。自非凶残已极，慭不畏死，鲜有肯出于反常逆性之所为者也。然则作伪者狂悖性成，恬不知耻，而敢于假冒杨朱，造作悖词，笔之于书，岂非千古无此出于余窍之秽声耶？（"余窍"二字，见伪《仲尼篇》，此即以其人之道，还治其人之身。）至于出语不伦，文理不通，犹其余事，《庄子·天下篇》称天人、神人、至人、圣人，四者之别甚明。惟《孟子·尽心篇》称有天民大人者，此忽以舜、禹、周公均称天人，孔子、桀、纣均称天民，是出语不伦者一也。前既艳羡尧、舜之伪让，此又反对舜、禹之忧劳，前后矛盾，如出两人，是文理不通者二也。顾世犹有谓"伪《杨朱篇》并不以放纵情欲为鹄的"，则此侈陈桀、纣逸乐之谓何？岂尚可掩饰乎？

第二节　管夷吾、晏平仲之诬反

作伪者崇桀、纣以媚其无道君主之不足，而又厚诬管、晏，以媚其宰辅大臣为当世之权要者。

《伪杨朱篇》晏平仲问养生于管夷吾，管夷吾曰："肆之而已，勿壅勿阏。"晏平仲曰："其目奈何？"夷吾曰："恣耳之所欲听，恣目之所欲视，恣鼻之所欲向，恣口之所欲言，恣体之所欲安，恣意之所欲行。夫耳之所欲闻者音声，而不得听，谓之阏聪。目之所欲见者美色，而不得视，谓之阏明。鼻之所欲向者椒兰，而不得嗅，谓之阏颤。口之所欲道者是非，而不得言，谓之阏智。体之所欲安者美厚，而不得从，谓之阏适。意之所欲为者放逸，而不得行，谓之阏往。凡此诸阏，废虐之主。去废虐之主，熙熙然以俟死，一日、一月、一年、十年，吾所谓养。拘此废虐之主，录而不舍，戚戚然以至久生，百年、千年、万年，非吾所谓养。"管夷吾曰："吾既告子养生矣，送死奈何？"晏平仲曰："送死略矣，将何以告焉。"管夷吾曰："吾固欲闻之。"平仲曰："既死岂在我哉！焚之亦可，沉之亦可，瘗之亦可，露之亦可，衣薪而弃诸沟壑亦可，衮衣绣裳而纳诸石椁亦可，唯所遇焉。"管夷吾顾谓鲍叔、黄子曰："生死之道，吾二人进之矣。"

此作伪者矫造之言，案诸《管子·立政九败解篇》之原文，则正所谓以生养而非养生者也。晏平仲尚俭，乃曰"衮衣绣裳而纳诸石棺"，尤必无此理之言。直是作伪者于管晏之书尚未寓目，而妄肆诬噬倒裁，亦何益矣。且使宰辅大臣而侈于恣肆耳目鼻口体意之所欲，熙熙然以俟死，一日、一月、一年、十年，赵孟之语偷，不如是之甚也。呜呼，国家将亡，必有妖孽，此亦魏晋一期之妖言也。下逮江左六朝，中原板荡，神州陆沉，自非有此等沦于畜道之人生观为之导火线，则何至成如彼其一大乱之局哉？

第三节 子产、邓析之窜乱

厚诬管、晏之不足，而又厚诬及子产、邓析，则将以媚当时之世贵及文学之徒也。

《伪杨朱篇》子产相郑，专国之政三年，善者服其化，恶者畏其禁，郑国以治，诸侯惮之。而有兄曰公孙朝，有弟曰公孙穆，朝好酒。穆好色。朝之室也，聚酒千钟，积曲成封，望门百步，糟浆之气，逆于人鼻。方其荒于酒也，不知世道之安危，人理之悔吝，室内之有亡，九族之亲疏，存亡之哀乐也。虽水火兵刃交于前，弗知也。穆之后庭，比房数十，皆择稚齿娈婧者以盈之。方其耽于色也，屏亲昵，绝交游，逃于后庭，以昼足夜，三月一出，意犹未惬。乡有处子之娥姣者，必贿而招之，媒而挑之，弗获而后已。子产日夜以为戚，密造邓析而谋之，曰："侨闻治身以及家，治家以及国。此言自于近，至于远也。侨为国则治矣，家则乱矣，其道逆邪？将奚方以救二子？子其诏之。"邓析曰："吾怪之久矣，未敢先言。子奚不时其治也，喻以性命之重，诱以礼义之尊乎？"子产用邓析之言，因闲以谒其兄弟而告之，曰：

"人之所以贵于禽兽者智虑，智虑之所将者礼义，礼义成则名位至矣。若触情而动，聊于嗜欲，则性命危矣。子纳侨之言，则朝自悔而夕食禄矣。"朝穆曰："吾知之久矣，择之亦久矣，岂待若言而后识之哉！凡生之难遇，而死之易及；以难遇之生，俟易及之死，可孰念哉？而欲尊礼义以夸人，矫情性以招名，吾以此为弗若死矣。为欲尽一生之观，穷当年之乐，唯患腹溢而不得恣口之饮，力惫而不得肆情于色，不遑忧名声之丑，性命之危也。且若以治国之能夸物，欲以说辞乱我之心，荣禄喜我之意，不亦鄙而可怜哉？我又欲与若别之。夫善治外者，物未必治而身交苦；善治内者，物未必乱而性交逸。以若之治外，其法可暂行于一国，未合于人心。以我之治内，可推之于天下，君臣之道息矣。吾常欲以此术而喻之，若反以彼术而教我哉？"子产忙然无以应之。他日以告邓析。邓析曰："子与真人居而不知也，孰谓子智者乎？郑国之治，偶耳，非子之功也。"

此公孙朝、公孙穆，皆子虚乌有之人也。子产无此兄，亦无此弟。子产相郑甫三年，犹尚赖子皮之力助，岂容有如此好酒好色之兄弟哉！正不必稽诸《世本》《国语》《左氏传》《太史公书》皆无有，而后知其诬罔矣。且纵酒好色，恣情口腹，极意淫欲，而至于聚酒千钟，积曲成封，望门百步，糟浆之气，逆于人鼻，其去于桀、纣之酒池糟丘者几何？岂郑小国之臣所能有也。

更至于后庭女宠，比房数十，稚齿婑媠者充盈，亦岂小国之臣所能备也。乡有处子之娥姣者，必贿而招之，媒而挑之，此复成何世界？虽《郑风·溱洧》，士女相谑，赠以芍药，不过亦惟士与女，相对恋爱而已。若以一雄而占领群雌，比房数十，犹未餍足，尚敢贿招媒诱乡之处子，恐郑风淫乱，未至此极也。况桀、纣荒淫，王室大乱，岂朝穆若是，而为能治内耶？顾作伪者颜厚三尺，昏无人理，尚敢假饰朝、穆之言曰："善治内者物未必乱而性交逸……以我之治内，可推之于天下，君臣之道息矣。"不知果若朝、穆所为而推之于天下，则天下将成万牲园之动物世界，男女之道绝矣，更何论君臣之道。且杨朱有一妻一妾而不能治，比于朝、穆，岂不相去万里，而以伪朝、穆事，羼入伪《杨朱篇》中，又非牛头不对马面之文字哉！

　　尚有一事，伪刘向《叙录·言力命篇》与《杨朱篇》乖背。然伪《力命篇》剿袭古书，则云"子产杀邓析"，伪《杨朱篇》伪造古事，则言"邓析以朝穆真人告子产"，徒见其矛盾耳。

第四节　伯夷、展禽等之妄论

　　作伪者诬古之不足，而又妄论及伯夷、展禽等。

《伪杨朱篇》杨朱曰：伯夷非亡欲，矜清之邮，以放饿死。展季非亡情，矜贞之邮，以放寡宗。清贞之误，善之若此。

杨朱曰：原宪窭于鲁，子贡殖于卫。原宪之窭损生，子贡之殖累身。然则窭亦不可，殖亦不可，其可焉在？曰：可在乐生，可在逸身。故善乐生者不窭，善逸身者不殖。

此亦作伪者厚诬杨朱之言。《孟子·万章篇》曰："伯夷，圣之清者也；柳下惠，圣之和者也。"而此谓伯夷之清，展季之贞。（展季即柳下惠，见《庄子·盗跖篇》。）则谓柳下惠贞男（柳下惠贞男，见《家语·鲁男子事》），不若公孙穆之好色，故寡宗也。（寡宗，谓子姓不多。）况清贞善矣，而谓之诬善，则所谓善者，直恶耳。其妄一也。《吕览·本生篇》曰："古之人有不肯富贵者矣，由重生故也。"则惟贫贱，乃真养生。杨朱有三亩之园不能芸，赤贫甚矣，何至反对原宪。其妄二也。子贡货殖，聚而不散，必若公孙朝、穆之好酒好色，乃为逸乐其身。然杨朱既甚赤贫，又何以逸乐。其妄三也。然则世有取于"善乐生者不窭，善逸身者不殖"二语者，固全未识得作伪者之用意也。

第五节 端木叔之虚构

妄论子贡之不足，而又矫造其后世，亦将以媚世贵也。

　　《伪杨朱篇》卫端木叔者，子贡之世也。借其先赀，家累万金，不治世故，放意所好。其生民之所欲为，人意之所欲玩者，无不为也，无不玩也。墙屋台榭，园圃池沼，饮食车服，声乐嫔御，拟齐楚之君焉。至其情所欲好，耳所欲听，目所欲视，口所欲尝，虽殊方偏国，非齐土之所产育者，无不必致之，犹藩墙之物也。及其游也，虽山川阻险，涂径修远，无不必之，犹人之行咫步也。宾客在庭者日百往，庖厨之下不绝烟火，堂庑之上不绝声乐。奉养之余，先散之宗族。宗族之余，次散之邑里。邑里之余，乃散之一国。行年六十，气干将衰弃其家事，都散其库藏珍宝车服妾媵，一年之中尽焉，不为子孙留财。及其病也，无药石之储。及其死也，无瘗埋之资。一国之人受其施者，相与赋而藏之，反其子孙之财焉。禽滑釐闻之，曰："端木叔狂人也，辱其祖矣。"段干生闻之，曰："端木叔达人也，德过其祖矣。"其所行也，其所为也，众意所惊，而诚理所取。卫之君子多以礼教自持，固未足以得此人之心也。

此端木叔亦子虚乌有之人也。一则曰："子贡之世"，再则曰："辱祖德矣。"子贡货殖，孙曾能世其业，固不可考也。然区区家累万金，而欲墙屋台谢，园囿池沼，饮食车服，声乐嫔御等事，胥拟齐楚之君。试问齐楚之君，皆地方千里，或数千里，富有累千万金，岂区区家累万金者所能比拟耶？尤以卫在战国之世，国小已极，倾卫国之力以当齐楚之君，尚不足抵其百一。而端木叔不过卫之一富民，岂更能所欲则殊方偏国，非齐土（即中国）之所产育者无不致，并齐楚之君所不能致者亦致之耶？至于人为形气所拘，非鬼非神，岂能游则不问山川阻险，涂径修远，无不必之。试问战国之世，果有此大旅行家乎？果能容有此大旅行家乎？在此等发昏呓语之中，而又杂以散财得报之谈。然不如后世小说家言，为入情入理矣。端木叔既无其人，则禽滑釐、段干生亦必无其语，不待赘言。

第四章 劣手之作伪

第一节 生养之养生谈

先秦文字与魏晋文字之比较，其气格之高卑，思想之雅鄙，无一不县殊，洵乎时代性有以限之也。魏王肃以一代硕儒，不世出之逸才，然且伪造《古文尚书》、《尚书孔安国传》、《孔子家语》及《孔丛子》等，无一不去古愈远。尤以《孔丛子》文气卑弱，为朱晦庵所痛诋，则以其伪造之分量太多故也。张湛伪造《文子》一书，大半剿袭《淮南子》，故犹雅饬可观。独至其伪造杨朱之言，则姬汉无此狂悖文字，无可剿袭之余地，不得不多出于杜撰臆造，而支离恶俗，丑态毕露。气格之卑弱，则染受辞赋之腐败化；思想之龌龊，则表现贵族之堕落化。更以管、吕之书，未尝寓目，不识养生；而妄以生养为养生谈，传世千年以来，莫或正之，可不大哀也哉？

《伪杨朱篇》杨朱曰：百年寿之大齐，得百年者千无一焉。设有一者，孩抱以逮昏老，几居其半矣。夜眠之所弭，昼觉之所遗，又几居其半矣。痛疾哀苦，亡失忧惧，又几居其半矣。量十数年之中，逌然而自得，亡介焉之虑者，亦亡一时之中尔。则人之生也，奚为哉？奚乐哉？为美厚尔，为声色尔。而美厚复不可常厌足，声色不可常玩闻。乃复为刑赏之所禁劝，名法之所进退。遑遑尔，竞一时之虚誉，规死后之余荣。偊偊尔，慎耳目之观听，惜身意之是非，徒失当年之至乐，不能自肆于一时。重囚累梏，何以异哉？太古之人，知生之暂来，知死之暂往，故从心而动，不违自然所好，当身之娱，非所去也，故不为名所劝。从性而游，不逆万物所好。死后之名，非所取也，故不为刑所及。名誉先后，年命多少，非所量也。

杨朱曰：生民之不得休息，为四事故：一为寿，二为名，三为位，四为货。有此四者，畏鬼畏人，畏威畏刑，此谓之遁人也，可杀可活，制命在外。不逆命，何羡寿？不矜贵，何羡名？不要势，何羡位？不贪富，何羡货？此之谓顺民也，天下无对，制命在内。故语有之曰："人不婚宦，情欲失半。人不衣食，君臣道息。"周谚曰："田父可坐杀。"晨出夜入，自以性之恒；啜菽茹藿，自以味之极。肌肉粗厚，筋节嵲急，一朝处以柔毛绵幕，荐以粱肉兰橘，心痾体烦，内热生病矣。商鲁之君，与田父侔地，则亦不盈一时而惫矣。故野人之所安，野人之所美，谓天下无过者。昔者宋国有田夫，常衣缊黂，仅以过冬，暨春东作，自曝于日，不知天下之有广厦隩室，绵纩狐狢。顾谓其妻曰："负日之暄，人莫知者，以献吾君，将有重赏。"里之富室告之曰："昔人有美戎菽，甘枲茎，芹萍子者，对乡豪称之。乡豪取而尝之，蜇于口，惨于腹。众哂而怨之，其人大惭。子此类也。"

此亦皆厚诬杨朱之词也。杨朱"全性保真，不以物累形"，而此则醉心于美厚声色，适得其反，正是以物累形者也。杨朱为我，则无我以为我者也。杨朱贵己，则忘己以贵己者也。夫岂斤斤而较百年之短，欣欣而贪万物之好哉？杨朱为贵生之士，岂不为寿者哉？杨朱与墨子同享一代之大名，岂不为名者哉？杨朱言"治天下如运诸掌"，岂不为位者哉？杨朱言"治大者不治小"，岂琐琐察及田夫野人之鄙语哉？杨朱利跂以救天下之急，岂不忧天下之忧而自忘其乐哉？是作伪者之言，全与杨朱背道而驰，不已伪造案发，尽情败露哉？且《礼》称位禄名寿（《礼记·中庸篇》），不曰禄而曰货，鄙亦甚矣。而语曰："人不婚宦，情欲失半；人不衣食，君臣道息。"细益甚矣。作伪者斯文无赖，鄙细罔耻，何杨朱之可诬乎？

第二节 下流之死生观

上流、中流、下流三等社会，有以势位言之者，有以人格言之者，而余书则以人格言之者也。然伪《杨朱篇》之人格，直可比于世俗所云"十下流"，真下流之极矣。

《伪杨朱篇》杨朱曰：万物所异者，生也；所同者，死也。生则有贤愚贵贱，是所异也。死则有臭腐消灭，是所同也。虽然，贤愚贵贱非所能也，臭腐消灭亦非所能也。故生非所生，死非所死，贤非所贤，愚非所愚，贵非所贵，贱非所贱，然而万物齐生齐死，齐贤齐愚，齐贵齐贱。十年亦死，百年亦死。仁圣亦死，凶愚亦死。生则尧、舜，死则腐骨。生则桀、纣，死则腐骨。腐骨一矣，孰知其异。且趣当生，奚遑死后？

杨朱曰：丰屋，美服，厚味，姣色。有此四者，何求于外。有此而求外者，无餍之性。无餍之性，阴阳之蠹也。忠不足以安君，适足以危身。义不足以利物，适足以害生。安上不由于忠，而忠名灭焉。利物不由于义，而义名绝焉。君臣皆安，物我兼利，古之道也。鬻子曰："去名者无忧。"

老子曰："名者实之宾。"而悠悠者趋名不已。名固不可去，名固不可宾耶？今有名则尊荣，亡名则卑辱，尊荣则逸乐，卑辱则忧苦。忧苦，犯性者也；逸乐，顺性者也。斯实之所系矣。名胡可去？名胡可宾？但恶夫守名而累实。守名而累实，将恤危亡之不救，岂徒逸乐忧苦之间哉？

杨朱曰：太古之事灭矣，孰志之哉？三皇之事，若存若亡。五帝之事，若觉若梦。三王之事，或隐或显，亿不识一；当身之事，或闻或见，万不识一；目前之事，或存或废，千不识一。太古至于今日，年数固不可胜纪。但伏羲以来，三十余万岁，贤愚好丑，成败是非，无不消灭，但迟速之间耳。矜一时之毁誉，以焦苦其神形，要死后数百年中余名，岂足润枯骨，何生之乐哉？

杨朱曰：古语有之，"生相怜，死相捐"，此语至矣。相怜之道，非唯情也，勤能使逸，饥能使饱，寒能使温，穷能使达。相捐之道，非不相哀也，不含珠玉，不服文锦，不陈牺牲，不设明器也。

此亦皆厚诬杨朱之词也。杨朱"向疾强梁，物彻疏明"，故"全性保真，不以物累形"。明自有其性，自有其真，而不与物同也。然吠狗不击，以人度狗，则推人及物而可同之，不难作万物一体观也。此杨朱之物我异同观，即杨朱之世界观也。杨朱窜句游心于坚白同异之间，名也；而利跂以救天下之急，实也。故正名定实而享一代之大名，后世传诵且未有穷焉。此杨朱不愧古之三不朽，即杨朱之人生观也。然则杨朱之世界观，及人生观，虽其唯心的观念，唯物的观念，及心物一贯的观念，甚为一一分明。（参观中篇第二章第一节）然倾向于唯心的思潮，则可断言也。是以自有其性真而不为物所累，则唯心的思潮之独立无对也。生愿为明王，而死犹遗大名于后世，亦其唯心的思潮之独立无对也。诚如是也，则比于作伪者所云"同贤愚于腐骨，且趣当生，奚遑死后"，岂不相去万里哉？

杨朱有三亩之园不能芸，则岂求丰屋美服者哉？有一妻一妾不能治，则岂求厚味姣色者哉？且丰屋美服厚味姣色者，高官厚禄之代名词也。在君主时代，则以此高官厚禄而求忠义之臣也。若以但得高官厚禄为已足，而无求于其外之忠义，则高官厚禄为谁而设之，岂为奸邪贼臣而设之哉？然则君臣焉得皆安，物我焉得兼利，而天下不将大乱乎？此尤作伪者之瞽言，曾不足以欺三尺童子，岂徒袭"君臣皆安，物我兼利"之口禅，即可以欺天下后世乎？

请为诵阮籍《达庄论》曰："儒、墨之后，坚白并起，吉凶连物，得失在心。结徒聚党，辩说相侵。昔大齐之雄、三晋之士，尝相与明目张胆，分别此矣。咸以为百年之生难致，而日月之蹉无常。皆盛仆马，修衣裳，美珠玉，饰帷墙。出媚君上，入欺父兄。矫厉才智，竞逐纵横。家以慧子 ……（底本缺失）吕不合，繁奏之舞，其音疏也。"且曰："将治大者不治小，成大功者不小苟"，何等磊落大方，而岂问亡羊琐事耶？且荀子、淮南书所言，均属寥寥数语，文简而意赅，原不过成大功者谨始慎微之旨趣。作伪者附益以邻人亡羊，遂尔鄙细支离，恶俗不堪。又形容杨朱之态度，始则叹曰"嘻"，继则"戚然变容，不言者移时，不笑者竟日"，描写似疯似癫，不活现一白痴耶？岂享一代大名之杨朱而可厚诬若是哉？

孟子言"逃杨必归儒"，足证杨、儒甚近。作伪者不顾，捏造兄弟三人，游齐鲁之间故事。彼固以杨朱为秦人而不以为鲁人，故出此妄语也。诬儒家仁义分裂为三，学溺者死几半，遂总判之曰"大道以多岐亡羊，学者以多方丧生"，绝类魏晋人辞赋中之警语，则何异作伪者自承作伪之供状矣。至于孟孙阳、心都子皆子虚乌有之人，余于中篇已斥之。

第六节　智不知命之疑问

杨朱反对墨子非命，则认有命矣，而仆子讥杨子智而不知命，意杨子于命之观念，必与寻常不同也。

《伪力命篇》杨布问曰："有人于此，年兄弟也，言兄弟也，才兄弟也，貌兄弟也。而寿夭父子也，贵贱父子也，名誉父子也，爱憎父子也。吾惑之。"杨子曰："古之人有言，吾尝识之，将以告若，'不知所以然而然，命也'。今昏昏昧昧，纷纷若若。随所为，随所不为。日去日来，孰知其故，皆命也。"

如此言命，则亦老生常谈耳。仆子何以讥杨朱不知命，不能无疑也。且曰"不知所以然而然，命也"一语，原见《庄子·达生篇》，则非作伪者剿袭之，遂演成此一段文字耶！

第七节　无甚理由之言行

吾书将终，而申言杨朱鲁人，今之山东侉子也。故其人强梁有生气。而先秦文字，精赅自然，意旨深远。伪《杨朱篇》出魏晋人之手，言词凶悖而外，更羼以魏晋清谈之余习，遂有造作杨朱毫无理由之言行者。

　　《伪仲尼篇》季梁之死，杨朱望其门而歌。随梧之死，杨朱抚其尸而哭。
　　《伪力命篇》杨朱之友曰季梁。季梁得疾七日，大渐。其子环而泣之，请医。季梁谓杨朱曰："吾子不肖如此之甚，汝奚不为我歌以晓之。"杨朱歌曰："天其弗识，人胡能觉。匪佑自天，弗孽由人。我乎汝乎，其弗知乎？医乎巫乎，其知之乎？"

如此毫无意味之文字，盖或仿《庄子·大宗师篇》之子来、子桑户故事而又不类，然不适以见其为魏晋放荡者之所为耶。

第八节　疑古二则之俟考

作伪者缀拾古书之故事易知，而窜易成语难晓。以记诵有所不周，则易受其欺，亦不可不慎也。

《伪说符篇》杨朱曰：利出者实及，怨往者害来。发于此而应于外者唯请（通作情），是故贤者慎所出。

杨朱曰：行善不以为名而名从之，名不与利期而利归之，利不与争期而争及之，故君子必慎为善。

上文二则，似有所本，而窃之不善。有无出处，姑存之以俟考。

结论曰，大道之行，天下为公。杨朱学明王之道于老聃，深矣远矣！魏晋之际，有细人者，剿袭古书而外，多方造作鄙言鄙事以厚诬之。自余此书出，而可大白于天下后世矣。